COLLECTION
FOLIO BILINGUE

Edgar Allan Poe

The Assignation
and Other Tales

Le rendez-vous
et autres contes

Traduit de l'américain,
préfacé et annoté par Alain Jaubert

Gallimard

Ces textes sont extraits du recueil
Ne pariez jamais votre tête au diable
(Folio Classique n° 2048).

Né à Boston en 1809, orphelin adopté par une famille de Richmond, Edgar Allan Poe est aussi brillant dans les études qu'aberrant dans ses rapports avec autrui et dans sa vie amoureuse. Alcoolique invétéré, il est à la fois journaliste, poète et le plus singulier des conteurs fantastiques. Il vit entre New York et Baltimore, où il meurt en 1849.

PRÉFACE

Sur les quelque soixante-dix contes publiés par Edgar Allan Poe, quarante-six ont été traduits par Charles Baudelaire. Ce seul ensemble, partagé entre trois recueils – Histoires extraordinaires, Nouvelles histoires extraordinaires, Histoires grotesques et sérieuses – *parus entre 1856 et 1864, a jusqu'à présent tenu lieu de version française reprise de génération en génération. Quoique parfois plus difficiles d'accès, certains des autres contes n'en sont pas moins importants. Les cinq rassemblés ici appartiennent à ce lot des « oubliés » de Baudelaire[1]. Ce choix, nécessairement limité, peut cependant donner un aperçu des masques si divers de l'écrivain américain. La critique récente a en effet revisité Poe et l'a peu à peu dégagé de la mythologie noire dont l'avaient obscurci les premiers exégètes hostiles. Une nouvelle figure de l'écrivain apparaît, très*

---

1. Dans cette présentation qui reprend quelques pages de la préface de l'édition Folio Classique, les contes traduits dans ce volume sont signalés par un astérisque.

différente de celle du romantique alcoolique qui nous
avait été imposée.

L'art du retournement

Chez Poe, la contradiction, le retournement sont les
moteurs de la fiction. L'un des modes de retournement
est celui de la narration elle-même. Dans bon nombre
d'histoires, le personnage se dégage de situations inte-
nables ou de situations qui a priori *ne pourraient*
s'expliquer qu'en recourant à l'irrationnel. Parfois
le personnage n'est prisonnier que d'une impossibi-
lité logique (La semaine des trois dimanches*, Le
sphinx)*, d'un interdit majeur comme celui de l'inceste*
(Les lunettes)*, d'une idée fixe, d'une hallucination ou*
d'un égarement provisoire de ses sens (L'enterrement
prématuré*). *Ailleurs, dans* Le puits et le pendule,
le narrateur est menacé d'une mort horrible programmée
par l'Inquisition espagnole, il est sauvé in extremis
grâce à l'entrée des troupes françaises dans la ville. Et
le raisonnement logique ou le dévoilement de la machi-
nerie résolvent le mystère, le paradoxe ou la situation
intenable.

Dans L'enterrement prématuré*, *contrairement*
à tout ce que la première partie du récit, purement docu-
mentaire, pourrait laisser supposer, le narrateur ne
raconte pas un véritable enterrement mais une hallu-
cination ou un cauchemar qui se produit sous l'empire
de la catalepsie. Et dans un des épisodes du début, en

opposition à l'attente du lecteur déjà habitué aux autres nouvelles de Poe, la batterie galvanique ne réveille pas un homme en catalepsie mais le tue!

Pour écrire Le rendez-vous*, *Poe détourne la chronique des amours tumultueuses entre Byron et la comtesse Guiccioli. Byron rencontra Teresa Guiccioli à Venise en 1818 et demeura son amant jusqu'en 1823, date à laquelle il quitta l'Italie pour la Grèce où il devait mourir l'année suivante. Le comte Guiccioli avait quarante-quatre ans de plus que Teresa. On disait qu'il avait empoisonné sa première femme. Beaucoup de petits faits de la vie de Byron étaient connus depuis que son confident, le poète Thomas Moore, avait publié* Letters and Journal of Lord Byron *(1830). Poe rapproche plusieurs moments éloignés de la vie du poète britannique. La scène des larmes sur le livre est inspirée par un épisode ancien : avant le mariage de Mary Chaworth et avant de lui faire ses adieux, Byron, alors âgé de quinze ans, avait écrit au crayon un poème d'amour sur un volume des lettres de Mme de Maintenon qui appartenait à la jeune fille. Autre épisode : fin 1819, au moment de quitter Venise pour fuir Teresa, Byron décida que, si une heure sonnait avant que ses bagages fussent dans sa gondole, il resterait. L'heure sonna. Il resta et écrivit aussitôt à Teresa : « L'amour a vaincu... » C'est presque la phrase que prononce la marquise Aphrodite : « Tu as vaincu – une heure après le lever du soleil – nous nous retrouverons... »*

I stood in Venice, on the Bridge of Sighs,
A palace and a prison on each hand.

À Venise, je me tenais sur le Pont des Soupirs
Un palais dans une main et une prison dans l'autre[1].

L'histoire de Poe semble engendrée par ces deux vers
de Byron : elle démarre entre le Palais des Doges et la
prison de Venise, concentre en quelques pages la vie
du poète, attribue au personnage byronien un poème
d'Edgar Poe lui-même et culmine dans un double sui-
cide final romantique à souhait, sur le modèle de celui
d'Hernani (1830) ou du réel suicide à deux de Kleist et
Henriette Vogel (1811).

Mais, dès le début du conte, divers indices perturbent
une telle lecture : l'invocation grandiloquente à un
mort, les ténèbres excessives, le narrateur sidéré et figé
face à la scène. La marquise Aphrodite, elle aussi figée,
est comparée à la Niobé, draperie blanche sur les dalles
de marbre noir. Et cette histoire vénitienne est pleine de
palais, de corniches, de festons, de statues, de socles, de
tableaux et aussi de citations et d'images où figure le
mot « marbre ». Prolifération marmoréenne qui n'est là que
pour amener l'image finale : le personnage définitive-
ment figé dans la raideur de la mort. Toutes ces sta-
tues font-elles bon ménage ? Les allusions au rire sont
placées au centre de l'histoire comme un signal, exacte-
ment comme le gaz hilarant dans Von Kempelen et

1. *Childe Harold's Pilgrimage*, IV, i.

sa découverte. *Le chancelier Thomas More est cité par jeu allusif à l'ami de Byron, le poète Thomas Moore. Et ce « gros plan » final sur le gobelet noirci et craquelé est une image cinématographique avant la lettre (on pense au verre de lait lumineux de* Soupçons *d'Alfred Hitchcock ou au verre de poison de* Citizen Kane *d'Orson Welles) qui agit comme signe de la parodie. Par son procédé habituel de condensation-retournement, Poe transforme donc ironiquement l'histoire de Byron. Mais il ne procède pas par opposition brutale. Ainsi il est évident que les deux protagonistes de l'histoire, comme les deux modèles, ont été amants (l'enfant de la marquise est même peut-être celui du personnage). Et la belle liaison adultère, fort sensuelle et bien bourgeoise, devient, écrite, un mélodrame romantique noir marqué par une énigmatique promesse et un destin fatal. Mais le texte est semé d'allusions ou de jeux qui tournent en dérision les personnages et l'histoire.*

Il y a un fondement philosophique à une telle attitude. L'esprit de contradiction, le « démon de la perversité », l'ironie sont les marques d'une pensée logique qui ne se satisfait pas des voies uniques et linéaires du hasard. Pour Edgar Poe, lecteur de Laplace, l'univers est « ouvert » et infini. À chaque instant, tout peut basculer dans l'enchaînement d'une autre causalité, dans les voies multipliées d'autres combinaisons, d'autres récits.

Le roman de la langue

Ne pariez jamais votre tête au diable* *débute sur le ton tragi-comique et moralisateur qu'utilise Dickens dans* Oliver Twist. *Le héros se nomme Toby Dammit, peut-être l'écho d'un des personnages de ce roman, Toby Crackit. Poe reprend un thème des transcendantalistes selon lequel toute histoire, tout travail, doivent avoir une morale. Il fait semblant de répondre à une critique : ses propres histoires n'auraient pas de morale. Il offre donc un conte irréfutable puisque sa morale est inscrite dans le titre même. La vraie morale de l'histoire, on s'en doute, est à chercher ailleurs. Et dans les exemples qu'il donne – Homère, le Petit Poucet, les* nursery rhymes *ou quelques lourds pavés poétiques de son époque – Poe glisse subtilement de la morale à la parabole et de la parabole au sens secret. Raymond Roussel (qui a lu Poe) explique comment il fait naître tout son roman* Impressions d'Afrique *(1932) de l'infime distance entre deux mots comme « billard » et « pillard ». L'histoire de Toby Dammit est fabriquée de la même façon.*

Parodie de Dickens : « Toby Crackit » donne « Toby Dammit ». Dammit, *c'est le juron* « Damn it ! » *» : « qu'il soit damné, qu'il aille au diable, que le diable l'emporte ! » et Toby Dammit peut s'entendre aussi* « to be damned », *« être damné ». L'histoire de Toby Dammit sera donc celle d'un homme qui jure. Et comme le diable est invoqué, le diable sera l'autre personnage principal. Mais Toby, c'est un nom classique de chien et toutes les aventures de*

Toby, même les aventures posthumes, semblent illustrer les innombrables dictons, formules ou expressions proverbiales où figure le mot « chien ». « Personne n'aurait jamais songé à le prendre au mot », dit le narrateur de Toby. Justement, Poe prend Toby *au mot : c'est un triste sujet (en anglais un « triste chien »), il a une vie de chien, il est fouetté comme un chien, et il crèvera comme un chien. À six mois il ronge un paquet de cartes; à sept mois il embrasse les bébés femelles; à un an il porte des moustaches : tous ces faits, en apparence absurdes s'il s'agit d'un être humain, s'expliquent si l'on admet que Toby est un animal. Au début de l'histoire le narrateur se compare à La Fontaine qui fait parler des animaux, et plus loin à saint Patrick qui parle au crapaud. Toby se promène dans la campagne avec le narrateur, il est extrêmement agité, il se tortille, il saute par-dessus et par-dessous tout ce qui se présente sur son chemin. Plusieurs autres expressions canines sont évoquées ou paraphrasées dans le texte :* « to be dogged by ill fortune » *(« être poursuivi par le malheur »);* « he has not a word to throw at a dog » *(« il ne daigne pas vous jeter un mot »);* « give a dog a bad name and hang him » *(« donnez à un chien un mauvais nom et pendez-le », l'équivalent de notre « qui veut noyer son chien l'accuse de la rage »);* « the tail wagging the dog », *littéralement « la queue agite le chien », ou « c'est le monde à l'envers » (et* tail, *« queue », c'est aussi* tale, *« histoire »).*

Plus étonnant encore, la triste fin de Toby est elle-même inscrite dans une autre locution de la langue anglaise, « to help a lame dog over a stile », *au sens d'aider*

quelqu'un dans l'embarras, littéralement « aider un chien boiteux à franchir une barrière ». Comme il y a le mot stile, *« barrière », Poe le concrétise immédiatement dans son histoire par* turnstile, *« tourniquet ». Le tourniquet sera donc l'instrument de la mort de Toby. Mais* turnstile *peut aussi s'entendre comme « tournure de style »,* turn style. *Et* style *rime avec* Carlyle, *l'auteur du* Sartor resartus (Le tailleur retaillé, *1833), écrivain anglais aux accents prophétiques et furibonds, adepte lui-même d'un décryptage de la transcendance dans l'Histoire et, de ce fait, proche des transcendantalistes. Toby mort, son ami tente de le vendre comme* dog's meat, *« viande de chien ». L'expression est ambiguë puisqu'elle peut vouloir dire aussi bien « viande* pour *les chiens » que « viande de* chien *». Et personne n'en veut, en vertu du dicton* « dog doesn't eat dog », *« le chien ne mange pas de chien ». Dernier clin d'œil : dans le blason de Toby, le narrateur inscrit la « barre à senestre », signe de bâtardise.*

Y a-t-il donc une « morale » dans cette histoire ? Le narrateur est un moraliste pédant et conformiste, Toby, lui, est un transcendantaliste idéaliste qui perd la tête en essayant de s'élever au-dessus du sol commun et de franchir la barrière du concret. Le diable, seul gagnant de l'aventure, est hypocrite et sournois; il manque d'élégance et s'enfuit furtivement sans demander son reste. Si morale il y a, elle n'est pas dans le comportement des personnages. Ce que raconte Poe, c'est l'aventure rêvée du langage. Dans Perte de souffle*, *Poe poursuit jusqu'au bout une cascade de catastrophes absurdes déclenchées par l'expression « perdre le souffle ». Dans* Les lunettes, *il*

part de l'expression anglaise équivalant à notre « coup de foudre », « love at first sight », littéralement « l'amour au premier regard » : mais que se passe-t-il donc si l'amoureux a mauvaise vue ? Dans La semaine des trois dimanches*, quelqu'un est pris au mot d'un pari sur une locution définissant une situation impossible.

Les mots ou les expressions autour desquels ont cristallisé les contes sont souvent traduits par des personnages appartenant à cette frange indistincte et prélittéraire du folklore – devinettes, jeux de mots, blagues, anecdotes légendaires, allusions obscènes, chansons militaires ou estudiantines – et Poe met en scène des personnages nés du langage dans des situations logiques comme s'il tentait une expérience scientifique. L'homme usé ou en morceaux, l'escroc des petits et des grands chemins, le mystificateur forcené, la femme artificielle, l'inventeur fou, le myope qui traduit tout à l'envers, les rivaux amoureux, le marchand de vent, et le diable bien sûr, autant de silhouettes burlesques nées dans la nuit du langage, de l'accouplement contre nature de mots, de proverbes, d'expressions. Poe est toujours à la fois le crypteur maniaque – le capitaine Kidd du Scarabée d'or, ou l'obscure divinité de Gordon Pym –, et le décrypteur hyperlogique – Legrand ou Dupin. Ce qu'il nous montre en mettant en scène ces personnages énigmatiques et improbables, c'est ce fond spectral de la langue commune où s'agitent tant d'étranges fantômes. La langue en elle-même est fiction. Le crime est déjà tapi au sein du langage.

Femmes

Dans les contes fantastiques, les femmes sont des personnages plutôt inquiétants. Tantôt caricatures d'héroïnes romantiques, malades, diaphanes, évanescentes et angéliques (Éléonora, Bérénice, Madeline Usher, la femme du Portrait ovale, *Morella), tantôt monstresses diaboliques et vampiriques (Ligeia). Dans les contes les plus ouvertement burlesques figurent quelques pittoresques caricatures féminines. Les membres de la famille des bas-bleus se nomment Pirouette, Zéphyr, Latout, Navet… La veuve que courtisent le petit Français et l'Irlandais Sir Patrick se nomme Mme Mélasse. Suky Snobbs se transforme en Psyché Zénobie et apprend de M. Blackwood l'art de se mettre dans une situation difficile pour en tirer de la littérature.*

La réputation de pruderie victorienne que certains ont faite à Poe n'est guère justifiée. Dans La semaine des trois dimanches*, *le narrateur veut épouser sa cousine Kate : « Elle me disait très gentiment que je pourrais l'avoir (dot et tout le reste) dès que j'aurais pu arracher à mon grand-oncle Rhumagogo l'accord nécessaire. » Le mot qu'emploie Poe pour dire « dot »,* plum, *« prune » (pour* plum-pudding, *le gâteau, le magot), avait déjà à cette époque le sens sexuel précis qu'il a aujourd'hui (la prune, la cerise ou la figue…). Et dans le dialogue avec l'oncle, le jeu entre* to come *et* to go *peut aussi être lu avec une forte connotation argotique sexuelle. Ainsi* to come off *prend le sens de « jouir »…*

Dans Perte de souffle*, *le narrateur est à peine*

*marié que fusent les apostrophes : « "Misérable !
– mégère ! – teigne !" dis-je à ma femme le matin qui
suivit nos noces, "sorcière ! – vieille taupe ! – mauviette ! – répugnance ! – quintessence impétueuse de tout
ce qui est abominable – tu – tu –" ». Au moment où il
va lui lancer de nouvelles insultes, il perd le souffle.
On a beaucoup glosé cette perte qui serait l'équivalent
inconscient de la perte de puissance sexuelle. Mais Poe
en est si conscient qu'il emploie pour le mot « lancer »
l'anglais* ejaculate. *De même, la mort du personnage
du* Rendez-vous*, *mort qui est une sorte de fusion-
communion à distance avec la marquise Aphrodite, est
annoncée par « se dressant » (*erecting*) et « il lança »
(« *he ejaculated* »). Les mêmes mots encore sont repris
au cours de la nuit de noces des* Lunettes *où le narrateur dit lui aussi* erect *et* ejaculated, *dans une situation où a lieu une explication décisive entre un homme
et une femme. Il suffit de voir comment sont écrits la
plupart des contes de Poe, avec leurs collages, leurs citations qui se répondent, leurs décomptes précis de tirets,
d'interjections, et surtout d'examiner comment ont été
successivement corrigées certaines de ses histoires pour
comprendre que rien n'était laissé au hasard. Poe pèse
soigneusement chacun de ses mots et plutôt que son
« extrême refoulement sexuel », comme le voit dans cet
exemple Marie Bonaparte, il faut y lire au contraire le
signe d'une absolue lucidité et d'un sens raffiné de l'effet
littéraire : de même que les situations chez Poe découlent
parfois directement des mots ou des expressions de la
langue ordinaire, certains mots sont placés aux endroits*

stratégiques pour créer un climat précis ou raconter une tout autre histoire qui court parallèlement à l'histoire principale. Erect *et* ejaculated *jouent sur les doubles sens et disent donc exactement ce que Poe veut exprimer.*

Facilis descensus…

Perte de souffle* *raconte donc les aventures cocasses – dans la lignée de* Candide *– d'un homme qui a perdu le souffle et qui, déclaré mort, est enfermé dans un caveau. Le duc de l'Omelette, lui, se réveille aux enfers, tout empaqueté dans son linceul. Dans* C'est toi l'homme, *le narrateur est allé rechercher un cadavre au fond d'un trou. Le thème de la descente aux enfers revient fréquemment chez Poe, et sous toutes les formes. Virgile est plusieurs fois évoqué, même lorsque la descente n'est que métaphorique : « Sa chute ne sera pas moins précipitée que ridicule », dit Dupin du ministre D., son jumeau rival.* « On parle fort lestement du facilis descensus Averni *; mais en matière d'escalades, on peut dire ce que la Catalani disait du chant : "Il est plus facile de monter que de descendre*[1]*." »*

Pour Poe, toute « aventure », c'est-à-dire toute « écriture », est descente, et en particulier descente aux enfers. Facile, la descente dans l'Averne. Facile de plonger son personnage dans des situations impossibles. Mais

---

1. *La lettre volée*, dans *Histoires extraordinaires*, trad. Charles Baudelaire, Gallimard, Folio Classique, 2004, p. 115.

comment le sortir de l'« enfer » sans recourir au surna-
turel ? L'enterrement prématuré* *débute comme un*
article documentaire. Le narrateur énumère quelques cas
extraordinaires réels ou inventés, puis entre brusquement
dans son vrai sujet. Il veut nous plonger au cœur de la
noirceur absolue : « détresse », « oppression », « suffo-
cantes », « étreinte rigide », « Nuit absolue », « silence »,
« englouti », « invisible », « Ver conquérant », « horreur effroyable », « intolérable », « atroce », « peur ».
Substantifs, verbes, adjectifs s'accumulent, se télescopent
à la façon des romans gothiques et Poe montre à l'évi-
dence dans ce court passage que la littérature ne peut
rendre l'horreur ou la peur par la seule accumulation
des mots pour les dire. « Et ainsi », *précise subtilement le*
narrateur, « tous les récits sur ce sujet ont-ils un intérêt
profond ; un intérêt néanmoins, qui, par la peur sacrée
du sujet lui-même, dépend très proprement et très particulièrement de la conviction que nous avons de la vérité
des faits rapportés. » *Le mot* « horreur » *n'est évidemment*
pas la vérité de l'horreur.

Changement de registre : le narrateur décrit un cas
médical, le sien propre. Puis une expérience vécue,
concrète, où il retrouve dans le moindre détail tout ce
que son imagination morbide lui avait fait pressentir :
l'enfermement dans la caisse de bois, la nuit et le silence
absolus, l'odeur de la terre humide, l'impossibilité de
crier ou de bouger… La dureté du bois et l'odeur de la
terre sont les vrais moteurs de la peur. Poe va jusqu'au
bout des mécanismes absurdes des récits d'horreur inau-
thentiques qu'on rencontre dans les revues de l'époque

*et il les replace dans une situation logique. La mort est
l'excès suprême, l'inracontable par définition. Comment
contourner cet agaçant paradoxe ? Toute l'articulation
du récit est donc une savante machinerie logique. Les
signes de la mort ne sont pas la mort.*

*Et, non moins savante mise en abyme, la fin du récit
est double. Il semble d'abord s'achever par une heureuse
catharsis. À raconter son histoire, le narrateur guérit. Il se
débarrasse de ses livres médicaux et des* Nuits de Young.
« *Plus de galimatias sur les cimetières – plus d'histoires
d'horreur –* comme celle-ci. » *Le récit de l'horreur abolit
l'horreur. Le récit de la maladie abolit la maladie et abolit
le récit lui-même (nous sommes cinquante ans avant les
découvertes de Breuer et de Freud). Mais dans les dernières lignes, rebondissement contradictoire, retour au
réel. Car la mort, après tout, est quand même l'ultime
réalité :* « Hélas ! on ne peut regarder la sinistre légion des
terreurs sépulcrales comme entièrement imaginaire – […]
elles doivent sommeiller, sinon elles nous dévoreront – il
faut les condamner au sommeil, sinon nous périssons. »
*C'est un écho, mais moins triomphant, de la formule de
Shakespeare :* « Nourris-toi de la mort qui se nourrit de
nous. Morte la mort, tu ne craindras plus de mourir[1]. »
Autre définition de la littérature.

ALAIN JAUBERT

1. *Sonnets*, CXLVI, trad. Yves Bonnefoy, Gallimard, coll.
« Poésie/Gallimard », 2007, p. 304.

NOTE SUR L'ÉDITION

Nous reproduisons ici le texte de l'édition de référence, parue sous le titre *The Complete Works of Edgar Allan Poe*, éd. James A. Harrison, New York, Thomas Y. Crowell & Company Publishers, 1902, 17 volumes. Pour chaque titre sont précisés, après les références des premières publications, les volumes et les pages concernés.

Perte de souffle (*Loss of Breath*) : premières publications sous le titre « *A Decided Loss* » (« Une perte sensible ») dans *Saturday Courier*, 10 novembre 1832 ; puis *Southern Literary Messenger*, septembre 1835 ; *Tales of the Grotesque and Arabesque*, 1840 ; *Broadway Journal*, 3 janvier 1846. Édition suivie : *The Complete Works of Edgar Allan Poe*, vol. II, part. I, p. 151-167.

Le rendez-vous (*The Assignation*) : premières publications sous le titre « *The Visionary* » (« Le visionnaire ») dans *Godey's Lady's Book*, janvier 1834 ; puis *Southern Literary Messenger*, juillet 1835 ; *Tales of the Grotesque and Arabesque*, 1840. Sous le titre définitif : *Broadway Journal*, 7 juin 1845. Édition suivie : *The Complete Works of Edgar Allan Poe*, vol. II, part. I, p. 109-124.

Ne pariez jamais votre tête au diable. Conte avec une morale (*Never Bet the Devil your Head. A Tale with a Moral*) : première publication sous le titre « *Never Bet the Devil your Head. A Moral Tale* », *Graham's Magazine*, septembre 1841. Puis *Broadway Journal*, 16 août 1845 (la seconde partie du titre prend sa forme définitive). Édition suivie : *The Complete Works of Edgar Allan Poe*, vol. IV, part. III, p. 213-226.

La semaine des trois dimanches (*Three Sundays in a Week*) : première publication sous le titre « *A Succession of Sundays* » (« Une succession de dimanches ») dans *Saturday Evening Post*, 27 novembre 1841. Sous le titre définitif : *Broadway Journal*, 10 mai 1845 ; *The Spirit of the Times*, XV, 14 mai 1845 ; *The Star of Bethleem*, 7 juin 1845. Édition suivie : *The Complete Works of Edgar Allan Poe*, vol. IV, part. III, p. 227-235.

L'enterrement prématuré (*The Premature Burial*) : première publication dans *Dollar Newspaper*, 31 juillet 1844. Puis dans *The Rover*, 17 août 1844 ; *Broadway Journal*, 14 juin 1845. Poe s'inspire d'un conte publié dans le *Blackwood* en octobre 1821, *The Buried Alive* (« L'enterré vivant »). Édition suivie : *The Complete Works of Edgar Allan Poe*, vol. V, part. IV, p. 255-273.

*

Pour cette édition bilingue, l'ordre chronologique de publication des contes choisis a été respecté. Les mots et expressions en français dans le texte original sont imprimés dans la traduction en italique et suivis d'une étoile noire placée en exposant.

La traduction a bénéficié de la relecture atten-
tive de Martine White. Qu'elle en soit ici vivement
remerciée.

A. J.

The Assignation
and Other Tales

Le rendez-vous
et autres contes

Loss of Breath

A Tale neither in nor out of "Blackwood"

Perte de souffle[1]

Un conte qui n'est ni dans le *Blackwood*[2] ni en dehors

O breathe not, &c.
Moore's Melodies.

The most notorious ill-fortune must in the end, yield to the untiring courage of philosophy – as the most stubborn city to the ceaseless vigilance of an enemy. Salmanezer, as we have it in holy writings, lay three years before Samaria; yet it fell. Sardanapalus – see Diodorus – maintained himself seven in Nineveh; but to no purpose. Troy expired at the close of the second lustrum; and Azoth, as Aristæus declares upon his honor as a gentleman, opened at last her gates to Psammitticus, after having barred them for the fifth part of a century.

* * *

"Thou wretch! – thou vixen! – thou shrew!" said I to my wife on the morning after our wedding, "thou witch! – thou hag! – thou whipper-snapper – thou sink of iniquity! – thou fiery-faced quintessence of all that is abominable! – thou – thou –" here standing upon tiptoe,

Ô ne soufflez pas, etc.
Mélodies de Moore[3].

La malchance la plus notoire doit, à la fin, céder devant le courage infatigable de la philosophie – comme la cité la plus obstinée, devant la vigilance sans trêve d'un ennemi. Salmanasar, comme il est dit dans les Saintes Écritures, demeura trois ans devant Samarie ; pourtant, elle tomba. Sardanapale – voyez Diodore – résista sept ans dans Ninive ; mais sans résultat. Troie succomba à la fin du deuxième lustre ; et Azoth, ainsi que l'affirme Aristée sur son honneur de gentilhomme, finit par ouvrir ses portes à Psammétique, après les avoir défendues pendant un cinquième de siècle[4].

* * *

« Misérable ! – mégère ! – teigne ! » dis-je à ma femme le matin qui suivit nos noces, « sorcière ! – vieille taupe ! – mauviette ! – répugnance ! – quintessence impétueuse de tout ce qui est abominable – tu – tu – », ici me dressant sur la pointe des pieds,

seizing her by the throat, and placing my mouth close to her ear, I was preparing to launch forth a new and more decided epithet of opprobrium, which should not fail, if ejaculated, to convince her of her insignificance, when, to my extreme horror and astonishment, I discovered that *I had lost my breath*.

The phrases "I am out of breath," "I have lost my breath," &c., are often enough repeated in common conversation; but it had never occurred to me that the terrible accident of which I speak could *bona fide* and actually happen! Imagine – that is if you have a fanciful turn – imagine, I say, my wonder – my consternation – my despair!

There is a good genius, however, which has never entirely deserted me. In my most ungovernable moods I still retain a sense of propriety, *et le chemin des passions me conduit* – as Lord Edouard in the "Julie" says it did him – *à la philosophie veritable*.

Although I could not at first precisely ascertain to what degree the occurrence had affected me, I determined at all events to conceal the matter from my wife, until further experience should discover to me the extent of this my unheard of calamity. Altering my countenance, therefore, in a moment, from its bepuffed and distorted appearance, to an expression of arch and coquettish benignity,

la saisissant à la gorge et plaçant ma bouche tout près de son oreille, je m'apprêtais à lancer une épithète d'opprobre nouvelle et plus tranchante qui n'aurait pas manqué, une fois proférée, de la convaincre de son insignifiance lorsque, à mon horreur et à mon étonnement extrêmes, je découvris que *j'avais perdu le souffle.*

Les expressions « je suis hors d'haleine », « j'ai perdu le souffle », etc., reviennent assez souvent dans la conversation courante ; mais il ne m'était jamais apparu que le terrible accident dont je parle puisse se produire *bona fide* et réellement ! Imaginez – du moins si vous avez l'esprit fertile – imaginez, dis-je, mon étonnement, ma consternation, mon désespoir !

Il y a un bon génie, cependant, qui jamais, à aucun moment, ne m'a complètement abandonné. Même dans mes humeurs les plus débridées je conserve encore un sens de la convenance, *et le chemin des passions me conduit* – comme Lord Édouard, dans la *Julie*[5], dit qu'il l'a conduit – *à la philosophie véritable*★.

Bien que tout d'abord je ne pusse déterminer avec précision jusqu'à quel point cet événement m'avait affecté, je décidai, en tout cas, de cacher la chose à ma femme jusqu'à ce qu'une expérience plus poussée m'ait montré l'étendue de la calamité inouïe qui m'atteignait. Changeant donc en un instant de visage, et passant d'un aspect bouffi et tordu à une expression de bienveillance malicieuse et aguichante,

I gave my lady a pat on the one cheek, and a kiss on the other, and without saying one syllable, (Furies! I could not), left her astonished at my drollery, as I pirouetted out of the room in a *pas de zephyr*.

Behold me then safely ensconced in my private *boudoir*, a fearful instance of the ill consequences attending upon irascibility – alive, with the qualifications of the dead – dead, with the propensities of the living – an anomaly on the face of the earth – being very calm, yet breathless.

Yes! breathless. I am serious in asserting that my breath was entirely gone. I could not have stirred with it a feather if my life had been at issue, or sullied even the delicacy of a mirror. Hard fate! – yet there was some alleviation to the first overwhelming paroxysm of my sorrow. I found, upon trial, that the powers of utterance which, upon my inability to proceed in the conversation with my wife, I then concluded to be totally destroyed, were in fact only partially impeded, and I discovered that had I at that interesting crisis, dropped my voice to a singularly deep guttural, I might still have continued to her the communication of my sentiments; this pitch of voice (the guttural) depending, I find, not upon the current of the breath, but upon a certain spasmodic action of the muscles of the throat.

je donnai à ma dame une petite tape sur une joue, et un baiser sur l'autre, et, sans prononcer une syllabe (par les Furies, je n'en étais pas capable!), je la laissai tout étonnée de ma bouffonnerie, tandis que je quittais la chambre sur un *pas de zéphyr*★.

Voyez-moi donc, blotti en toute sécurité dans mon *boudoir*★ personnel, effrayant exemple des funestes conséquences de l'irascibilité – vivant, avec les attributs des morts; mort, avec les penchants des vivants; anomalie sur la face de la terre – restant très calme, bien que privé de souffle.

Oui! sans souffle. Je suis sérieux lorsque j'affirme que mon souffle avait entièrement disparu. Je n'aurais pu lui faire bouger une plume, ma vie dût-elle en dépendre, ni même ternir la délicatesse d'un miroir. Sort cruel! – pourtant il y eut un adoucissement au paroxysme de douleur qui m'avait d'abord accablé. Je m'aperçus, à l'épreuve, que les possibilités d'élocution, que devant mon incapacité à poursuivre la conversation avec ma femme j'avais alors crues totalement détruites, n'étaient en fait que partiellement entravées, et je découvris que, si j'avais lors de cette intéressante crise baissé la voix jusqu'à un ton singulièrement profond et guttural, j'aurais pu encore continuer à lui communiquer mes sentiments; ce ton de voix (le guttural) dépendant, à ce que je constatai, non pas du passage du souffle, mais d'une certaine action spasmodique des muscles de la gorge.

Throwing myself upon a chair, I remained for some time absorbed in meditation. My reflections, be sure, were of no consolatory kind. A thousand vague and lachrymatory fancies took possession of my soul – and even the idea of suicide flitted across my brain; but it is a trait in the perversity of human nature to reject the obvious and the ready, for the far-distant and equivocal. Thus I shuddered at self-murder as the most decided of atrocities while the tabby cat purred strenuously upon the rug, and the very water-dog wheezed assiduously under the table, each taking to itself much merit for the strength of its lungs, and all obviously done in derision of my own pulmonary incapacity.

Oppressed with a tumult of vague hopes and fears, I at length heard the footsteps of my wife descending the staircase. Being now assured of her absence, I returned with a palpitating heart to the scene of my disaster.

Carefully locking the door on the inside, I commenced a vigorous search. It was possible, I thought, that, concealed in some obscure corner, or lurking in some closet or drawer, might be found the lost object of my inquiry. It might have a vapory – it might even have a tangible form. Most philosophers, upon many points of philosophy, are still very unphilosophical. William Godwin, however, says in his "Mandeville,"

Me jetant sur une chaise, je restai quelque temps
plongé dans la méditation. Mes réflexions, soyez-
en sûr, n'étaient pas d'une nature consolante.
Mille pensées vagues et lacrymatoires s'empa-
rèrent de mon âme, et même l'idée de suicide tra-
versa mon esprit ; mais c'est un trait de la perversité humaine que de rejeter l'évident et le proche
au profit du lointain et de l'ambigu. Ainsi, je
frissonnai à l'idée de me tuer comme si c'était la
pire des atrocités, tandis que le chat tigré ronron-
nait vigoureusement sur le tapis et que le chien
de chasse lui-même respirait assidûment sous la
table ; chacun se faisant grand mérite de la force
de ses poumons, et tout cela, manifestement, pour
se moquer de ma propre incapacité pulmonaire.

Accablé par une foule d'espoirs et de craintes
vagues, j'entendis enfin le pas de ma femme
descendant l'escalier. Assuré désormais de son
absence, je retournai, le cœur palpitant, à la scène
de mon désastre.

Fermant soigneusement la porte à clé de l'intérieur, j'entrepris une fouille vigoureuse. Il était
possible, pensai-je, que, caché dans quelque obscur
recoin, ou tapi dans quelque armoire ou quelque
tiroir, se trouvât l'objet perdu de mes recherches.
Il pouvait avoir une forme vaporeuse – il pouvait
même avoir une forme tangible. La plupart des
philosophes, sur bien des points de la philosophie,
sont encore très peu philosophiques. William
Godwin[6], cependant, dit dans son *Mandeville*

that "invisible things are the only realities," and this, all will allow, is a case in point. I would have the judicious reader pause before accusing such asseverations of an undue quantum of absurdity. Anaxagoras, it will be remembered, maintained that snow is black, and this I have since found to be the case.

Long and earnestly did I continue the investigation: but the contemptible reward of my industry and perseverance proved to be only a set of false teeth, two pair of hips, an eye, and a bundle of *billets-doux* from Mr. Windenough to my wife. I might as well here observe that this confirmation of my lady's partiality for Mr. W. occasioned me little uneasiness. That Mrs. Lackobreath should admire anything so dissimilar to myself was a natural and necessary evil. I am, it is well known, of a robust and corpulent appearance, and at the same time somewhat diminutive in stature. What wonder then that the lath-like tenuity of my acquaintance, and his altitude, which has grown into a proverb, should have met with all due estimation in the eyes of Mrs. Lackobreath. But to return.

My exertions, as I have before said, proved fruitless. Closet after closet – drawer after drawer – corner after corner – were scrutinized to no purpose. At one time, however, I thought myself sure of my prize, having in rummaging a dressing-case, accidentally demolished a bottle of Grandjean's Oil of Archangels –

que « les choses invisibles sont les seules réalités »,
et ceci, tout le monde en conviendra, s'applique
à ce cas. J'aimerais que le lecteur judicieux fasse
une pause avant de taxer de telles affirmations
d'absurdité excessive. Anaxagore, on s'en sou-
viendra, soutenait que la neige était noire, et j'ai
découvert, depuis, que c'était le cas[7].

Je poursuivis longuement et sérieusement cette
investigation ; mais la dérisoire récompense de mon
zèle et de ma persévérance ne consista qu'en un râte-
lier de fausses dents, deux paires de hanches, un œil,
et une liasse de *billets-doux*★ adressés par M. Ventassez
à ma femme. Je pourrais aussi bien observer, ici, que
cette confirmation du penchant de ma femme pour
M. V—— ne provoqua en moi que peu d'émoi. Que
Mme Manque-de-souffle admirât quelque chose
d'aussi différent de moi était un mal naturel et nécessaire. Je suis, c'est bien connu, d'un aspect robuste et
corpulent, et, en même temps, d'une taille quelque
peu négligeable. Qu'y a-t-il d'étonnant, alors, que
la minceur d'échalas de mon ami, et son élévation
qui est devenue proverbiale, aient trouvé leur juste
valeur aux yeux de Mme Manque-de-souffle ? Mais
revenons à notre sujet.

Mes efforts, comme je l'ai déjà dit, s'avérèrent
vains. Placard après placard – tiroir après tiroir – coin
après coin – furent scrutés sans résultat. Une fois,
cependant, je me crus certain de ma victoire, lorsque,
fouillant une trousse de toilette, je cassai par accident
une bouteille d'Huile des Archanges de Grandjean[8],

which, as an agreeable perfume, I here take the liberty of recommending.

With a heavy heart I returned to my *boudoir* – there to ponder upon some method of eluding my wife's penetration, until I could make arrangements prior to my leaving the country, for to this I had already made up my mind. In a foreign climate, being unknown, I might, with some probability of success, endeavor to conceal my unhappy calamity – a calamity calculated, even more than beggary, to estrange the affections of the multitude, and to draw down upon the wretch the well-merited indignation of the virtuous and the happy. I was not long in hesitation. Being naturally quick, I committed to memory the entire tragedy of "Metamora." I had the good fortune to recollect that in the accentuation of this drama, or at least of such portion of it as is allotted to the hero, the tones of voice in which I found myself deficient were altogether unnecessary, and the deep guttural was expected to reign monotonously throughout.

I practised for some time by the borders of a well frequented marsh; – herein, however, having no reference to a similar proceeding of Demosthenes, but from a design peculiarly and conscientiously my own. Thus armed at all points, I determined to make my wife believe that I was suddenly smitten with a passion for the stage. In this, I succeeded to a miracle;

que je prends ici la peine de recommander pour
son parfum agréable.

Le cœur lourd, je retournai à mon *boudoir**– afin
d'y réfléchir à quelque méthode pour échapper à
la perspicacité de ma femme jusqu'au moment où
j'aurais pris des dispositions pour quitter le pays,
car j'y étais déjà résolu. Sous un climat étranger,
où je serais inconnu, je pourrais, avec quelque
chance de succès, essayer de dissimuler ma triste
infortune – une infortune propre plus encore que
la misère, à m'aliéner les affections de la multitude et à attirer sur un malheureux la réproba-
tion bien méritée des gens vertueux et heureux.
Je n'hésitai pas longtemps. Ayant des facilités
naturelles, j'appris par cœur la tragédie entière
de *Metamora*[9]. J'avais eu la bonne fortune de me
rappeler que lorsqu'on déclamait ce drame, ou du
moins les parties qui en sont dévolues au héros,
les tons de voix qui me manquaient étaient tout à
fait superflus, et que le ton guttural bas devait y
dominer avec monotonie d'un bout à l'autre.

Je m'exerçai pendant quelque temps sur les rives
d'un marais bien fréquenté ; – cela n'avait cependant pas de rapport avec un procédé semblable
employé par Démosthène, mais relevait d'une idée
objectivement et directement mienne. Ainsi armé
en tout point, je résolus de faire croire à ma femme
que j'avais été soudain pris de passion pour le
théâtre. J'y réussis à merveille ;

and to every question or suggestion found myself at liberty to reply in my most frog-like and sepulchral tones with some passage from the tragedy – any portion of which, as I soon took great pleasure in observing, would apply equally well to any particular subject. It is not to be supposed, however, that in the delivery of such passages I was found at all deficient in the looking asquint – the showing my teeth – the working my knees – the shuffling my feet – or in any of those unmentionable graces which are now justly considered the characteristics of a popular performer. To be sure they spoke of confining me in a straight-jacket – but, good God! they never suspected me of having lost my breath.

Having at length put my affairs in order, I took my seat very early one morning in the mail stage for ____, giving it to be understood, among my acquaintances, that business of the last importance required my immediate personal attendance in that city.

The coach was crammed to repletion; but in the uncertain twilight the features of my companions could not be distinguished. Without making any effectual resistance, I suffered myself to be placed between two gentlemen of colossal dimensions; while a third, of a size larger, requesting pardon for the liberty he was about to take, threw himself upon my body at full length, and falling asleep in an instant,

et à chacune de ses questions, à chacune de ses
suggestions je me trouvai libre de répondre de
mon ton le plus grenouillesque et le plus sépul-
cral par quelques passages de la tragédie – dont
n'importe quel passage, comme j'eus bientôt grand
plaisir à l'observer, pouvait s'appliquer avec un égal
bonheur à n'importe quel sujet particulier. Il ne
faudrait pas croire, cependant, qu'en débitant ces
passages, j'oubliais le moins du monde de jeter des
regards obliques, de montrer les dents, de gigoter les
genoux, de traîner les pieds, ni de produire aucune
de ces grâces innommables qui sont précisément
considérées aujourd'hui comme les traits essentiels
d'un acteur populaire. Bien sûr, on parla de me bou-
cler dans une camisole de force ; mais, bon Dieu !, on
ne soupçonna jamais que j'avais perdu le souffle.

Ayant fini par mettre mes affaires en ordre, je pris
place de très bonne heure un matin dans la diligence à destination de ___, laissant entendre à mes
relations qu'une affaire de la dernière importance
exigeait ma présence immédiate dans cette ville.

La diligence était bourrée à craquer ; mais
dans le petit jour incertain, je ne pouvais distinguer les traits de mes compagnons. Sans vraiment
opposer de résistance, je me laissai placer entre
deux messieurs aux dimensions colossales ; tandis
qu'un troisième, d'une taille encore supérieure,
me demandant pardon de la liberté qu'il allait
prendre, se jeta de tout son long sur mon corps,
et, s'endormant en un instant,

drowned all my guttural ejaculations for relief, in a snore which would have put to blush the roarings of the bull of Phalaris. Happily the state of my respiratory faculties rendered suffocation an accident entirely out of the question.

As, however, the day broke more distinctly in our approach to the outskirts of the city, my tormentor arising and adjusting his shirt-collar, thanked me in a very friendly manner for my civility. Seeing that I remained motionless, (all my limbs were dislocated and my head twisted on one side,) his apprehensions began to be excited; and arousing the rest of the passengers, he communicated in a very decided manner, his opinion that a dead man had been palmed upon them during the night for a living and responsible fellow-traveller; here giving me a thump on the right eye, by way of demonstrating the truth of his suggestion.

Hereupon all, one after another, (there were nine in company), believed it their duty to pull me by the ear. A young practising physician, too, having applied a pocket-mirror to my mouth, and found me without breath, the assertion of my persecutor was pronounced a true bill; and the whole party expressed a determination to endure tamely no such impositions for the future, and to proceed no farther with any such carcasses for the present.

I was here, accordingly, thrown out at the sign of the "Crow," (by which tavern the coach happened to be passing,)

étouffa tous mes appels au secours gutturaux sous un ronflement qui eût fait honte aux gémissements du taureau de Phalaris[10]. Heureusement, l'état de mes facultés respiratoires faisait de l'asphyxie un accident tout à fait improbable.

Cependant, comme le jour croissait à mesure que nous approchions des faubourgs de la ville, mon tourmenteur, se levant et ajustant son col de chemise, me remercia de façon très amicale pour ma civilité. Voyant que je restais sans mouvement (tous mes membres étaient disloqués et ma tête tordue d'un côté), il commença à avoir des inquiétudes ; et, réveillant le reste des passagers, il leur fit connaître, d'une façon très catégorique, son opinion que, pendant la nuit, on leur avait refilé un homme mort au lieu d'un compagnon de voyage vivant et responsable ; ici, il me donna un coup de poing dans l'œil droit, histoire de démontrer la vérité de sa suggestion.

Là-dessus, tous, l'un après l'autre (ils étaient neuf en tout), crurent de leur devoir de me tirer l'oreille. En outre, un jeune médecin ayant appliqué un miroir de poche devant ma bouche et m'ayant trouvé sans souffle, l'affirmation de mon persécuteur fut déclarée fondée ; et tout le groupe exprima sa détermination à ne pas aller plus loin avec une telle carcasse.

Je fus donc alors jeté dehors à l'enseigne du « Corbeau[11] » (taverne devant laquelle la diligence passait)

without meeting with any farther accident than the breaking of both my arms, under the left hind wheel of the vehicle. I must besides do the driver the justice to state that he did not forget to throw after me the largest of my trunks, which, unfortunately falling on my head, fractured my skull in a manner at once interesting and extraordinary.

The landlord of the "Crow," who is a hospitable man, finding that my trunk contained sufficient to indemnify him for any little trouble he might take in my behalf, sent forthwith for a surgeon of his acquaintance, and delivered me to his care with a bill and receipt for ten dollars.

The purchaser took me to his apartments and commenced operations immediately. Having cut off my ears, however, he discovered signs of animation. He now rang the bell, and sent for a neighboring apothecary with whom to consult in the emergency. In case of his suspicions with regard to my existence proving ultimately correct, he, in the meantime, made an incision in my stomach, and removed several of my viscera for private dissection.

The apothecary had an idea that I was actually dead. This idea I endeavored to confute, kicking and plunging with all my might, and making the most furious contortions – for the operations of the surgeon had, in a measure, restored me to the possession of my faculties. All, however, was attributed to the effects of a new galvanic battery, wherewith the apothecary, who is really a man of information,

sans autre dégât que la fracture de mes deux bras sous
la roue arrière gauche du véhicule. Je dois en outre
rendre cette justice au postillon qu'il n'oublia pas de
jeter à ma suite la plus grande de mes malles qui, me
tombant par malheur sur la tête, me fractura le crâne
d'une manière à la fois intéressante et extraordinaire.

L'aubergiste du « Corbeau », qui est un homme
hospitalier, jugeant que ma malle contenait de quoi
l'indemniser des quelques petites peines qu'il pourrait prendre à mon sujet, envoya aussitôt chercher
un chirurgien de sa connaissance, et me remit entre
ses mains avec une facture et un reçu de dix dollars.

L'acquéreur m'emporta à son domicile et commença aussitôt ses opérations. Cependant, après
m'avoir coupé les oreilles, il découvrit des signes de
vie. Il sonna alors et envoya chercher un apothicaire
du voisinage pour le consulter sur cet imprévu. Pour
le cas où ses soupçons concernant mon existence
s'avéreraient en fin de compte corrects, il me fit, en
attendant, une incision dans le ventre et préleva plusieurs de mes viscères afin de les disséquer en privé[12].

L'apothicaire fut d'avis que j'étais vraiment
mort. Cette idée, j'essayai de la réfuter, en ruant et
en me cabrant de toutes mes forces, en faisant les
plus furieuses contorsions – car les opérations du
chirurgien m'avaient, dans une certaine mesure,
rendu la possession de mes facultés. Tout cela,
cependant, fut attribué aux effets d'une nouvelle
batterie galvanique avec laquelle l'apothicaire, qui
est vraiment un homme informé,

performed several curious experiments, in which, from my personal share in their fulfillment, I could not help feeling deeply interested. It was a source of mortification to me, nevertheless, that although I made several attempts at conversation, my powers of speech were so entirely in abeyance, that I could not even open my mouth; much less then make reply to some ingenious but fanciful theories of which, under other circumstances, my minute acquaintance with the Hippocratian pathology would have afforded me a ready confutation.

Not being able to arrive at a conclusion, the practitioners remanded me for farther examination. I was taken up into a garret; and the surgeon's lady having accommodated me with drawers and stockings, the surgeon himself fastened my hands, and tied up my jaws with a pocket handkerchief – then bolted the door on the outside as he hurried to his dinner, leaving me alone to silence and to meditation.

I now discovered to my extreme delight that I could have spoken had not my mouth been tied up by the pocket handkerchief. Consoling myself with this reflection, I was mentally repeating some passages of the "Omnipresence of the Deity," as is my custom before resigning myself to sleep, when two cats, of a greedy and vituperative turn, entering at a hole in the wall, leaped up with a flourish *a la Catalani*, and

effectuait diverses curieuses expériences auxquelles, du fait de la part personnelle que je prenais à leur accomplissement, je ne pus m'empêcher de m'intéresser vivement. Ce fut néanmoins pour moi une source de mortification que, malgré plusieurs tentatives de conversation, mes facultés de parole fussent si entièrement suspendues que je ne parvins même pas à ouvrir la bouche ; et encore moins, donc, à répondre à certaines théories ingénieuses mais fantaisistes qu'en d'autres circonstances ma connaissance minutieuse de la pathologie hippocratique m'eût permis de réfuter facilement.

Incapables de parvenir à une conclusion, les praticiens me renvoyèrent en vue d'un examen ultérieur. On me monta dans un grenier ; et la femme du chirurgien m'ayant affublé de culottes et de bas, le chirurgien lui-même me lia les mains, et m'immobilisa la mâchoire avec un mouchoir – puis il verrouilla la porte de l'extérieur pour se hâter d'aller déjeuner, me laissant seul au silence et à la méditation.

Je découvris alors à ma grande joie que j'aurais pu parler si ma bouche n'avait été immobilisée avec le mouchoir de poche. Rassuré par cette réflexion, je me répétais mentalement certains passages de l'*Omniprésence de la Divinité*[13], comme c'est mon habitude avant de m'abandonner au sommeil, lorsque deux chats, d'humeur vorace et hargneuse, pénétrant par un trou du mur, bondirent dans une envolée *à la Catalani*★[14], et,

alighting opposite one another on my visage, betook themselves to indecorous contention for the paltry consideration of my nose.

But, as the loss of his ears proved the means of elevating to the throne of Cyrus, the Magian or Mige-Gush of Persia, and as the cutting off his nose gave Zopyrus possession of Babylon, so the loss of a few ounces of my countenance proved the salvation of my body. Aroused by the pain, and burning with indignation, I burst, at a single effort, the fastenings and the bandage. – Stalking across the room I cast a glance of contempt at the belligerents, and throwing open the sash to their extreme horror and disappointment, precipitated myself, very dexterously, from the window.

The mail-robber W——, to whom I bore a singular resemblance, was at this moment passing from the city jail to the scaffold erected for his execution in the suburbs. His extreme infirmity, and long continued ill health, had obtained him the privilege of remaining unmanacled; and habited in his gallows costume – one very similar to my own – he lay at full length in the bottom of the hangman's cart (which happened to be under the windows of the surgeon at the moment of my precipitation) without any other guard than the driver, who was asleep, and two recruits of the sixth infantry, who were drunk.

As ill-luck would have it, I alit upon my feet within the vehicle. W——, who was an acute fellow,

s'abattant l'un en face de l'autre sur mon visage, se livrèrent à une malséante dispute à propos de la misérable question de mon nez.

Mais, de même que la perte de ses oreilles se révéla pour le Mage, ou Mige-Gush de Perse, le moyen de s'élever au trône de Cyrus, et de même que l'ablation de son nez donna à Zopyre la possession de Babylone[15], la perte de quelques onces de mon visage se révéla être le salut de mon corps. Stimulé par la douleur et brûlant d'indignation, je fis d'un seul effort sauter liens et bandage. Traversant majestueusement la pièce, je jetai un regard de mépris aux belligérants et, ouvrant tout grand le châssis, à leur extrême horreur, à leur extrême déception, je me jetai fort prestement par la fenêtre.

Le détrousseur de diligences, W——, avec qui j'avais une singulière ressemblance, était à ce moment mené de la prison de la ville vers l'échafaud érigé pour son exécution dans les faubourgs. Sa faiblesse extrême, et sa santé depuis longtemps déficiente, lui avaient valu le privilège de rester sans liens ; et, vêtu de son costume de potence – un costume très semblable au mien –, il gisait de tout son long au fond de la charrette du bourreau (elle se trouva passer sous les fenêtres du chirurgien au moment de mon saut) sans autre garde que le conducteur, qui était endormi, et deux recrues du 6e d'infanterie, qui étaient saoules.

La malchance fit que je tombai debout à l'intérieur du véhicule. W——, qui était un garçon futé,

perceived his opportunity. Leaping up immediately, he bolted out behind, and turning down an alley, was out of sight in the twinkling of an eye. The recruits, aroused by the bustle, could not exactly comprehend the merits of the transaction. Seeing, however, a man, the precise counterpart of the felon, standing upright in the cart before their eyes, they were of the opinion that the rascal (meaning W——) was after making his escape, (so they expressed themselves,) and, having communicated this opinion to one another, they took each a dram, and then knocked me down with the butt-ends of their muskets.

It was not long ere we arrived at the place of destination. Of course nothing could be said in my defence. Hanging was my inevitable fate. I resigned myself thereto with a feeling half stupid, half acrimonious. Being little of a cynic, I had all the sentiments of a dog. The hangman, however, adjusted the noose about my neck. The drop fell.

I forbear to depict my sensations upon the gallows; although here, undoubtedly, I could speak to the point, and it is a topic upon which nothing has been well said. In fact, to write upon such a theme it is necessary to have been hanged. Every author should confine himself to matters of experience. Thus Mark Antony composed a treatise upon getting drunk.

saisit sa chance. Bondissant immédiatement, il sauta dehors par l'arrière, et, tournant dans une ruelle, fut hors de vue en un clin d'œil. Les soldats, réveillés par le remue-ménage, ne purent saisir exactement le fond de cette transaction. Toutefois, voyant sous leurs yeux debout dans la charrette un homme qui était le sosie exact du criminel, ils furent d'avis que le gredin (c'est-à-dire W__) était sur le point de s'évader (ainsi s'exprimèrent-ils), et s'étant mutuellement fait part de cette opinion, chacun d'eux but une goutte, puis à coups de crosse de leurs mousquets, ils m'étendirent raide.

Il ne fallut pas longtemps pour arriver à destination. Bien sûr, il n'y avait rien à dire pour ma défense. La pendaison était mon inévitable destinée. Je m'y résignai avec un sentiment partagé entre la stupeur et l'amertume. Bien qu'étant peu cynique, j'éprouvais tous les sentiments d'un chien[16]. Le bourreau, cependant, ajusta le nœud autour de mon cou. La trappe s'ouvrit.

Je m'abstiens de dépeindre mes sensations sur le gibet; encore que là, indubitablement, je pourrais en parler fort à propos, et c'est un sujet sur lequel on n'a encore rien dit de bon. En fait, pour écrire sur un tel thème, il est nécessaire d'avoir été pendu. Tout auteur devrait se borner aux matières de son expérience. Ainsi Marc Antoine composa-t-il un traité sur la manière de s'enivrer[17].

I may just mention, however, that die I did
not. My body *was*, but I had no breath *to be* suspended; and but for the knot under my left ear
(which had the feel of a military stock) I dare say
that I should have experienced very little incon-
venience. As for the jerk given to my neck upon
the falling of the drop, it merely proved a correc-
tive to the twist afforded me by the fat gentleman
in the coach.

For good reasons, however, I did my best to
give the crowd the worth of their trouble. My
convulsions were said to be extraordinary. My
spasms it would have been difficult to beat. The
populace *encored*. Several gentlemen swooned;
and a multitude of ladies were carried home in
hysterics. Pinxit availed himself of the opportunity to retouch, from a sketch taken upon the
spot, his admirable painting of the "Marsyas
flayed alive."

When I had afforded sufficient amusement, it
was thought proper to remove my body from the
gallows; – this the more especially as the real cul-
prit had in the meantime been retaken and recognized; a fact which I was so unlucky as not to
know.

Much sympathy was, of course, exercised in my
behalf, and as no one made claim to my corpse, it
was ordered that I should be interred in a public
vault.

Je dois cependant juste mentionner que je ne mourus pas. Mon corps *fut* suspendu, mais je n'avais pas de souffle *qui puisse l'être*, et, sans le nœud sous mon oreille gauche (qui donnait la sensation d'un col militaire), je dois dire que je n'aurais éprouvé que fort peu de gêne. Quant à la secousse transmise à mon cou lors de l'ouverture de la trappe, elle s'avéra tout simplement un remède à la torsion que m'avait infligée le gros monsieur de la diligence.

Pour de bonnes raisons, toutefois, je fis de mon mieux et en donnai à l'assemblée pour son dérangement. Mes convulsions furent déclarées extraordinaires. Il aurait été difficile de dépasser mes spasmes. La populace me *bissa*. Plusieurs messieurs s'évanouirent; et une multitude de dames furent ramenées chez elles en pleine crise d'hystérie. Pinxit[18] lui-même profita de l'occasion pour retoucher, à partir d'un croquis pris sur le vif, son admirable tableau *Marsyas écorché vif*.

Lorsque j'eus procuré assez d'amusement, on jugea bon d'ôter mon corps du gibet; et cela d'autant plus que le véritable coupable avait été entre-temps repris et reconnu, fait que j'eus la malchance d'ignorer.

On professa, bien sûr, beaucoup de sympathie à mon égard, et, comme personne ne réclamait mon corps, on donna l'ordre de m'enterrer dans un caveau public.

Here, after due interval, I was deposited. The
sexton departed, and I was left alone. A line of
Marston's "Malcontent" –

Death's a good fellow and keeps open house –

struck me at that moment as a palpable lie.

I knocked off, however, the lid of my coffin, and
stepped out. The place was dreadfully dreary and
damp, and I became troubled with *ennui*. By way
of amusement, I felt my way among the numerous
coffins ranged in order around. I lifted them down,
one by one, and breaking open their lids, busied
myself in speculations about the mortality within.

"This," I soliloquized, tumbling over a carcass,
puffy, bloated, and rotund – "this has been, no
doubt, in every sense of the word, an unhappy – an
unfortunate man. It has been his terrible lot not to
walk but to waddle – to pass through life not like
a human being, but like an elephant – not like a
man, but like a rhinoceros.

"His attempts at getting on have been mere abor-
tions, and his circumgyratory proceedings a palpable failure. Taking a step forward, it has been his
misfortune to take two towards the right, and three
towards the left. His studies have been confined to
the poetry of Crabbe.

C'est là qu'après un intervalle convenable, je fus
déposé. Le fossoyeur s'en fut et je restai seul. Un
vers du *Malcontent* de Marston –

La mort est bon compagnon et tient table ouverte[19] –

me frappa à ce moment comme un mensonge manifeste.

Je fis cependant sauter le couvercle de mon
cercueil et pris pied à l'extérieur. L'endroit était
affreusement morne et humide, et je me sentis
gagné par l'*ennui**. En guise de distraction, je me
dirigeai à tâtons parmi les nombreux cercueils
rangés en bon ordre alentour. Je les descendis, un
par un, et, forçant leurs couvercles, m'absorbai en
spéculations sur les morts qu'ils contenaient.

« Ceci », monologuai-je en tombant sur une carcasse bouffie, boursouflée, ronde, « ceci a sans
doute été, dans tous les sens du mot, un malheureux – un infortuné. Son terrible sort fut non de
marcher mais de se dandiner – de traverser la vie
non comme un être humain, mais comme un élé-
phant – non comme un homme, mais comme un
rhinocéros.

« Ses tentatives pour avancer n'ont fait qu'avorter,
et ses manœuvres circumgiratoires n'ont été
qu'un échec manifeste. En faisant un pas en avant,
son malheur a été d'en faire deux vers la droite et
trois vers la gauche. Ses études se sont bornées à la
poésie de Crabbe[20].

He can have no idea of the wonder of a *pirouette*.
To him a *pas de papillon* has been an abstract conception. He has never ascended the summit of
a hill. He has never viewed from any steeple the
glories of a metropolis. Heat has been his mortal
enemy. In the dog-days his days have been the
days of a dog. Therein, he has dreamed of flames
and suffocation – of mountains upon mountains – of
Pelion upon Ossa. He was short of breath – to say
all in a word, he was short of breath. He thought
it extravagant to play upon wind instruments. He
was the inventor of self-moving fans, wind-sails,
and ventilators. He patronized Du Pont the bel-
lows-maker, and he died miserably in attempting
to smoke a cigar. His was a case in which I feel a
deep interest – a lot in which I sincerely sympathize.

"But here," – said I – "here" – and I dragged spite-
fully from its receptacle a gaunt, tall, and pecu-
liar-looking form, whose remarkable appearance
struck me with a sense of unwelcome familiarity –
"here is a wretch entitled to no earthly commisera-
tion." Thus saying, in order to obtain a more distinct view of my subject, I applied my thumb and
fore-finger to its nose, and causing it to assume a
sitting position upon the ground, held it thus, at
the length of my arm, while I continued my soli-
loquy.

"Entitled," I repeated, "to no earthly commisera-
tion. Who indeed would think of compassioning a
shadow?

Il n'a pu avoir aucune idée de la merveille qu'est une *pirouette*★. Pour lui un *pas de papillon*★ ne fut qu'un concept abstrait. Il n'est jamais monté au sommet d'une colline. Il n'a jamais contemplé du haut d'un clocher les splendeurs d'une métropole. La chaleur fut son ennemie mortelle. Quelle chienne de vie que la sienne les jours de canicule. À ce moment, il a rêvé de flammes et de suffocation, de montagnes empilées sur des montagnes, du Pélion entassé sur l'Ossa[21]. Il avait le souffle court ; pour tout dire, il avait le souffle court. Il trouvait extravagant qu'on jouât d'instruments à vent. Il fut l'inventeur d'éventails automatiques, de manches à air et de ventilateurs. Il patronna Du Pont[22], le fabricant de soufflets, et il mourut misérablement en essayant de fumer un cigare. Son cas est de ceux pour lesquels je ressens un vif intérêt – un sort avec lequel je sympathise sincèrement.

« Mais ici, dis-je, ici » – et je tirai rageusement de son réceptacle une forme émaciée, grande et étrange dont l'aspect remarquable me frappa d'un sentiment de désagréable familiarité – « voici un misérable qui n'a droit ici-bas à aucune commisération. » Ce disant, afin d'obtenir une vue plus distincte de mon sujet, je saisis son nez entre le pouce et l'index, et, le forçant à prendre une position assise sur le sol, je le maintins ainsi à bout de bras, tout en continuant mon soliloque.

« Il n'a droit ici-bas, répétai-je, à aucune commisération. Qui vraiment songerait à s'apitoyer sur une ombre ?

Besides, has he not had his full share of the blessings of mortality? He was the originator of tall monuments – shot-towers – lightning-rods – Lombardy poplars. His treatise upon "Shades and Shadows" has immortalized him. He edited with distinguished ability the last edition of "South on the Bones." He went early to college and studied pneumatics. He then came home, talked eternally, and played upon the French-horn. He patronized the bag-pipes. Captain Barclay, who walked against Time, would not walk against *him*. Windham and Allbreath were his favorite writers, – his favorite artist, Phiz. He died gloriously while inhaling gas – *levique flatu corrumpitur*, like the *fama pudicitiae* in Hieronymus* He was indubitably a"___

"How *can* you? – how – *can* – you?" – interrupted the object of my animadversions, gasping for breath, and tearing off, with a desperate exertion, the bandage around its jaws – "how *can* you, Mr. Lackobreath, be so infernally cruel as to pinch me in that manner by the nose? Did you not see how they had fastened up my mouth – and you *must* know – if you know anything – how vast a superfluity of breath I have to dispose of! If you do *not* know, however,

---

* *Tenera res in feminis fama pudicitiae, et quasi flos pulcherrimus, cito ad levem marcessit* [*marcescit*]*auram, levique flatu corrumpitur* [*corrumpitur*]*, maxime, &c* – Hieronymus ad Salvinam. [Epist. LXXXV.]

D'ailleurs, n'a-t-il pas eu sa pleine part des bonheurs des mortels? Il a été le créateur des hauts monuments – des tours à fondre le plomb de chasse – des paratonnerres – des peupliers de Lombardie. Son traité sur *Les Enfers et les Ombres* l'a immortalisé. Il a édité avec une habileté distinguée la dernière édition du livre de South, *Des os*[23]. Il alla très tôt à l'université, et y étudia la pneumatique. Puis il rentra chez lui, parla continuellement, et joua du cor d'harmonie. Il patronna les cornemuses. Le Capitaine Barclay[24], qui marchait contre le Temps, a refusé de marcher contre *lui*. Ventoux et Tousouffle furent ses écrivains favoris; son artiste favori, Phiz[25]. Il mourut glorieusement en inhalant du gaz – *levique flatu corrumpitur*, comme la *fama pudicitiae* de saint Jérôme*[26]. C'était indubitablement un... »

« Comment *pouvez*-vous? – Comment – *pouvez*-vous? » – m'interrompit l'objet de mes attaques, haletant, et arrachant, d'un effort désespéré, le bandage qui entourait ses mâchoires – « Comment *pouvez*-vous, monsieur Manque-de-souffle, être assez infernalement cruel pour me pincer le nez de cette façon? N'avez-vous pas vu comme ils m'ont ficelé la bouche? Et vous *devez* savoir, si jamais vous savez quelque chose, de quel excédent de souffle je dispose! Si, cependant, vous ne le savez *pas*,

---

* « *Tenera res in feminis fama pudicitiae, et quasi flos pulcherrimus, cito ad levem marcescit auram, levique flatu corrumpitur, maxime*, etc. » S. Hieron, Epist. LXXXV, « Ad Salvinam ».

sit down and you shall see. – In my situation it
is really a great relief to be able to open one's
mouth – to be able to expatiate – to be able to com-
municate with a person like yourself, who do
not think yourself called upon at every period to
interrupt the thread of a gentleman's discourse. –
Interruptions are annoying and should undoubtedly be abolished – don't you think so? – no reply,
I beg you, – one person is enough to be speaking
at a time. – I shall be done by-and-by, and then
you may begin. – How the devil, sir, did you get
into this place? – not a word I beseech you – been
here some time myself – terrible accident! – heard
of it, I suppose – awful calamity! – walking under
your windows – some short while ago – about the
time you were stage-struck – horrible occurrence! –
heard of "catching one's breath," eh? – hold your
tongue I tell you! – I caught somebody else's! –
had always too much of my own – met Blab at the
corner of the street – would'nt give me a chance
for a word – could'nt get in a syllable edgeways –
attacked, consequently, with epilepsis – Blab made
his escape – damn all fools! – they took me up for
dead, and put me in this place – pretty doings all
of them! – heard all you said about me – every word
a lie – horrible! – wonderful – outrageous! – hideous !
– incomprehensible! – et cetera – et cetera – et cetera
– et cetera –" ___

asseyez-vous et vous allez voir. Dans ma situation c'est vraiment un grand soulagement que d'être capable d'ouvrir la bouche – d'être capable de discourir – d'être capable de communiquer avec quelqu'un comme vous qui ne se croit pas obligé d'interrompre à chaque phrase le discours d'un monsieur. Les interruptions sont ennuyeuses et devraient indiscutablement être bannies – ne pensez-vous pas? – pas de réponse je vous en prie – il suffit qu'une seule personne parle à la fois. J'en aurai bientôt fini, et vous pourrez alors commencer. – Comment diable, monsieur, avez-vous échoué dans ce lieu? – pas un mot, je vous en supplie – suis ici moi-même depuis quelque temps – terrible accident! – entendu parler, je suppose? – affreuse calamité! – passais sous vos fenêtres – il y a peu, au moment où vous avez été saisi par le théâtre – horrible événement! – entendu parler de "reprendre son souffle", hein? – taisez-vous, vous dis-je! – J'ai repris celui de quelqu'un d'autre! – en avais toujours eu trop pour ma part – rencontré Blabla au coin de la rue – ne m'a pas laissé placer un mot – pas pu placer une syllabe – ai donc eu une attaque d'épilepsie – Blabla s'est sauvé – maudits soient les sots – on m'a cru mort, et placé en ce lieu – ils en font de belles, tous autant qu'ils sont! – entendu tout ce que vous avez dit à mon propos – chaque mot un mensonge – horrible! – extraordinaire! – scandaleux! – effroyable! – incompréhensible! et caetera – et caetera – et caetera – et caetera – »

It is impossible to conceive my astonishment at
so unexpected a discourse; or the joy with which
I became gradually convinced that the breath so
fortunately caught by the gentleman (whom I soon
recognized as my neighbor Windenough) was, in
fact, the identical expiration mislaid by myself in
the conversation with my wife. Time, place, and
circumstances rendered it a matter beyond question. I did not, however, immediately release my
hold upon Mr. W.'s proboscis – not at least during
the long period in which the inventor of Lombardy
poplars continued to favor me with his explana-
tions.

In this respect I was actuated by that habitual
prudence which has ever been my predominating
trait. I reflected that many difficulties might still lie
in the path of my preservation which only extreme
exertion on my part would be able to surmount.
Many persons, I considered, are prone to estimate
commodities in their possession – however value-
less to the then proprietor – however troublesome,
or distressing – in direct ratio with the advantages
to be derived by others from their attainment, or
by themselves from their abandonment. Might
not this be the case with Mr. Windenough? In dis-
playing anxiety for the breath of which he was at
present so willing to get rid, might I not lay myself
open to the exactions of his avarice? There are
scoundrels in this world,

Il est impossible de concevoir mon étonnement devant un discours aussi inattendu ; ni la joie avec laquelle je me convainquis peu à peu que le souffle si heureusement capté par le monsieur (en qui je reconnus bientôt mon voisin Ventassez) était, en fait, l'exacte expiration que j'avais égarée lors de la conversation avec ma femme. Le moment, le lieu et les circonstances rendaient la chose indubitable. Cependant, je ne relâchai pas tout de suite ma prise sur le proboscis de M. V__ ; je la maintins tant que l'inventeur des peupliers de Lombardie continua de m'honorer de ses explications.

De ce point de vue, j'étais mû par l'habituelle prudence qui a toujours été mon trait prédominant. Je songeai que je pouvais encore rencontrer maintes difficultés sur la voie de mon salut et que seul un effort extrême de ma part pourrait les surmonter. Bien des gens, pensai-je, ont tendance à estimer les biens en leur possession – même lorsqu'ils sont sans valeur pour leur actuel propriétaire – même lorsqu'ils sont embarrassants ou gênants – en fonction directe des avantages que d'autres pourraient tirer de leur possession, ou eux-mêmes de leur abandon. Cela ne pourrait-il être le cas de M. Ventassez ? En me montrant impatient d'obtenir le souffle dont il était à présent si désireux de se débarrasser, n'allais-je pas m'exposer moi-même aux exactions de sa cupidité ? Il y a des canailles en ce monde,

I remembered with a sigh, who will not scruple
to take unfair opportunities with even a next door
neighbor, and (this remark is from Epictetus) it is
precisely at that time when men are most anxious
to throw off the burden of their own calamities
that they feel the least desirous of relieving them
in others.

Upon considerations similar to these, and still
retaining my grasp upon the nose of Mr. W., I
accordingly thought proper to model my reply.

"Monster!" I began in a tone of the deepest
indignation, "monster; and double-winded idiot! –
dost *thou*, whom for thine iniquities, it has pleased
heaven to accurse with a two-fold respiration – dost
thou, I say, presume to address me in the familiar
language of an old acquaintance? – 'I lie,' for-
sooth! and 'hold my tongue,' to be sure! – pretty
conversation indeed, to a gentleman with a single
breath! – all this, too, when I have it in my power
to relieve the calamity under which thou dost so
justly suffer – to curtail the superfluities of thine
unhappy respiration."

Like Brutus, I paused for a reply – with which,
like a tornado, Mr. Windenough immediately
overwhelmed me. Protestation followed upon protestation, and apology upon apology. There were
no terms with which he was unwilling to comply,
and there were none of which I failed to take the
fullest advantage.

me rappelai-je en soupirant, qui ne se feraient pas scrupule de profiter d'occasions déloyales même avec un proche voisin, et (cette remarque vient d'Épictète) c'est précisément au moment où les hommes sont le plus impatients de rejeter le fardeau de leurs propres malheurs qu'ils se sentent le moins désireux de le soulager chez les autres.

C'est à partir de ce genre de considérations, et tout en maintenant ma prise sur le nez de M. V___, que je crus bon de modeler ma réponse.

« Monstre ! » commençai-je sur le ton de la plus profonde indignation, « monstre, et idiot à double souffle ! Comment oses-tu, *toi* qu'il a plu au Ciel pour tes iniquités d'affliger d'une double respiration – comment oses-*tu*, dis-je, t'adresser à moi sur le ton familier d'une vieille connaissance ? – "Je mens", en vérité !, et "je tiens ma langue", bien sûr ! – jolie conversation vraiment pour un monsieur à un seul souffle ! – et tout cela lorsque j'ai en mon pouvoir de te délivrer du malheur dont tu souffres si justement – de réduire les excès de ta malheureuse respiration. »

Comme Brutus, je m'arrêtai pour ménager une réponse dont M. Ventassez me submergea immédiatement. Les protestations succédèrent aux protestations et les excuses aux excuses. Il n'y avait pas de conditions qu'il ne fût disposé à accepter, et il n'en fut point dont j'eusse manqué de tirer le meilleur avantage.

Preliminaries being at length arranged, my acquaintance delivered me the respiration; for which (having carefully examined it) I gave him afterwards a receipt.

I am aware that by many I shall be held to blame for speaking, in a manner so cursory, of a transaction so impalpable. It will be thought that I should have entered more minutely into the details of an occurrence by which – and this is very true – much new light might be thrown upon a highly interesting branch of physical philosophy.

To all this I am sorry that I cannot reply. A hint is the only answer which I am permitted to make. There were *circumstances* – but I think it much safer upon consideration to say as little as possible about an affair so delicate – *so delicate*, I repeat, and at the time involving the interests of a third party whose sulphurous resentment I have not the least desire, at this moment, of incurring.

We were not long after this necessary arrangement in effecting an escape from the dungeons of the sepulchre. The united strength of our resuscitated voices was soon sufficiently apparent. Scissors, the Whig editor, republished a treatise upon "the nature and origin of subterranean noises." A reply – rejoinder – confutation – and justification – followed in the columns of a Democratic Gazette.

Les préliminaires ayant été arrangés en détail, mon compagnon me rendit la respiration ; pour laquelle (après l'avoir dûment examinée) je lui donnai alors un reçu.

Je me rends compte que beaucoup de gens me tiendront pour blâmable de parler d'une façon si hâtive d'une transaction aussi impalpable. On pensera que j'aurais dû entrer plus minutieusement dans les détails d'un événement grâce auquel – et ceci est très vrai – bien des lumières nouvelles pourraient être projetées sur une branche hautement intéressante de la philosophie physique.

À tout cela, je suis au regret de ne pouvoir répondre. Une allusion est la seule réponse qu'il me soit permis de faire. Il y avait des *circonstances* – mais je crois plus prudent à la réflexion d'en dire le moins possible à propos d'une affaire si délicate – *si délicate,* je le répète, et qui impliquait à l'époque les intérêts d'une tierce personne dont je n'ai pas la moindre envie, encore actuellement, d'encourir le sulfureux ressentiment.

Il ne nous fallut pas longtemps après ce nécessaire arrangement pour nous échapper des cachots du sépulcre. La force unie de nos voix ressuscitées fut bientôt assez apparente. Ciseaux, le journaliste whig, republia un traité sur « la nature et l'origine des bruits souterrains ». Réponse – réplique – réfutation et justification s'ensuivirent dans les colonnes d'une Gazette Démocrate.

It was not until the opening of the vault to decide the controversy, that the appearance of Mr. Windenough and myself proved both parties to have been decidedly in the wrong.

I cannot conclude these details of some very singular passages in a life at all times sufficiently eventful, without again recalling to the attention of the reader the merits of that indiscriminate philosophy which is a sure and ready shield against those shafts of calamity which can neither be seen, felt nor fully understood. It was in the spirit of this wisdom that, among the ancient Hebrews, it was believed the gates of Heaven would be inevitably opened to that sinner, or saint, who, with good lungs and implicit confidence, should vociferate the word "*Amen!*" It was in the spirit of this wisdom that, when a great plague raged at Athens, and every means had been in vain attempted for its removal, Epimenides, as Laertius relates in his second book of that philosopher, advised the erection of a shrine and temple "to the proper God."

LYTTLETON BARRY.

Ce ne fut pas avant qu'on ouvrît le caveau pour trancher le débat, que l'apparition de M. Ventassez et de moi-même prouva aux deux parties qu'elles avaient été décidément dans l'erreur.

Je ne puis conclure ces détails de quelques instants très singuliers d'une vie à tout moment fertile en événements, sans rappeler encore une fois à l'attention du lecteur les mérites de cette philosophie aveugle qui est un bouclier sûr et facile contre ces traits du malheur que l'on ne peut ni voir, ni sentir, ni comprendre pleinement. C'est dans l'esprit de cette sagesse que, parmi les anciens Hébreux, on croyait que les portes du Paradis s'ouvriraient inévitablement au pécheur ou au saint, qui, avec de bons poumons et une pleine confiance, crierait le mot « *Amen !* ». C'est dans l'esprit de cette sagesse que, lorsqu'une grande peste ravageait Athènes et qu'on avait en vain tenté tous les moyens pour l'éliminer, Épiménide, comme le rapporte Laërce au second livre sur ce philosophe, conseilla l'érection d'un autel et d'un temple « au dieu approprié[27] ».

LYTTLETON BARRY

The Assignation

Le rendez-vous

Stay for me there! I will not fail
To meet thee in that hollow vale.

[*Exequy on the death of his wife,*
by Henry King, *Bishop of Chichester.*]

Ill-fated and mysterious man! – bewildered in
the brilliancy of thine own imagination, and fallen
in the flames of thine own youth! Again in fancy I
behold thee! Once more thy form hath risen before
me! – not – oh not as thou art – in the cold valley and
shadow – but as thou *shouldst be* – squandering away
a life of magnificent meditation in that city of dim
visions, thine own Venice – which is a star-beloved
Elysium of the sea, and the wide windows of whose
Palladian palaces look down with a deep and bitter
meaning upon the secrets of her silent waters. Yes!
I repeat it – as thou *shouldst be*. There are surely
other worlds than this – other thoughts than the
thoughts of the multitude – other speculations than
the speculations of the sophist. Who then shall call
thy conduct into question? who blame thee for thy
visionary hours, or denounce those occupations
as a wasting away of life, which were but the over-
flowings of thine everlasting energies?

*Attends-moi là-bas ! Je ne manquerai pas
De te rejoindre en ce val profond.*

Henry King, évêque de Chichester,
Oraison sur la mort de sa femme[1].

Homme infortuné et mystérieux ! Perdu dans l'éclat de ta propre imagination et tombé dans les flammes de ta propre jeunesse ! De nouveau je t'imagine. Une fois de plus ta forme s'est dressée devant moi ! Non – oh, non pas tel que tu es – dans la froide vallée et l'ombre – mais comme tu *devrais être* – prodiguant une vie de méditation magnifique en cette cité aux troubles visions, ta Venise à toi – cet Élysée de la mer aimé des étoiles, et dont les larges fenêtres des palais palladiens jettent un regard profond et amer sur les secrets de ses eaux silencieuses. Oui ! je le répète – comme tu *devrais être*. Il y a certainement d'autres mondes que celui-ci – d'autres pensées que les pensées de la multitude – d'autres spéculations que les spéculations du sophiste. Qui donc mettra ta conduite en question ? Qui te blâmera pour tes heures visionnaires, ou dénoncera comme gaspillage de la vie ces occupations qui n'étaient que le débordement de tes inépuisables énergies ?

It was at Venice, beneath the covered archway there called the *Ponte di Sospiri*, that I met for the third or fourth time the person of whom I speak. It is with a confused recollection that I bring to mind the circumstances of that meeting. Yet I remember – ah! how should I forget? – the deep midnight, the Bridge of Sighs, the beauty of woman, and the Genius of Romance that stalked up and down the narrow canal.

It was a night of unusual gloom. The great clock of the Piazza had sounded the fifth hour of the Italian evening. The square of the Campanile lay silent and deserted, and the lights in the old Ducal Palace were dying fast away. I was returning home from the Piazzetta, by way of the Grand Canal. But as my gondola arrived opposite the mouth of the canal San Marco, a female voice from its recesses broke suddenly upon the night, in one wild, hysterical, and long continued shriek. Startled at the sound, I sprang upon my feet: while the gondolier, letting slip his single oar, lost it in the pitchy darkness beyond a chance of recovery, and we were consequently left to the guidance of the current which here sets from the greater into the smaller channel. Like some huge and sable-feathered condor, we were slowly drifting down towards the Bridge of Sighs, when a thousand flambeaux flashing from the windows, and down the staircases of the Ducal Palace, turned all at once that deep gloom into a livid and preternatural day.

Ce fut à Venise, sous l'arche couverte que l'on surnomme le *Ponte di Sospiri*, que je rencontrai pour la troisième ou quatrième fois la personne dont je parle. C'est avec un souvenir confus que je me remémore les circonstances de cette rencontre. Pourtant je me rappelle – ah! comment pourrais-je l'oublier? – le profond minuit[2], le Pont des Soupirs, la beauté de la femme, et le génie du Romanesque qui hantait l'étroit canal.

C'était une nuit de ténèbres exceptionnelles. La grande horloge de la Piazza avait sonné la cinquième heure du soir italien. La place du Campanile s'étendait silencieuse et déserte, et les lumières dans le vieux Palais des Doges déclinaient rapidement. Je revenais de la Piazzetta par le Grand Canal. Mais comme ma gondole arrivait en face de l'entrée du canal San Marco, une voix féminine venant de ses profondeurs perça soudain la nuit d'un hurlement sauvage, hystérique et prolongé. Saisi par ce cri, je me levai d'un bond tandis que le gondolier, laissant glisser son unique rame, la perdait dans les ténèbres de poix sans espoir de la retrouver, si bien que nous fûmes laissés à la merci du courant qui, à cet endroit, coule du plus grand vers le plus petit canal. Comme quelque énorme condor au plumage noir, nous dérivions lentement vers le Pont des Soupirs, quand un millier de flambeaux jaillissant aux fenêtres et le long des escaliers du Palais des Doges changèrent d'un seul coup cette profonde ténèbre en un jour livide et surnaturel.

A child, slipping from the arms of its own
mother, had fallen from an upper window of the
lofty structure into the deep and dim canal. The
quiet waters had closed placidly over their victim;
and, although my own gondola was the only one
in sight, many a stout swimmer, already in the
stream, was seeking in vain upon the surface, the
treasure which was to be found, alas! only within
the abyss. Upon the broad black marble flagstones
at the entrance of the palace, and a few steps above
the water, stood a figure which none who then saw
can have ever since forgotten. It was the Marchesa
Aphrodite – the adoration of all Venice – the gayest of
the gay – the most lovely where all were beautiful –
but still the young wife of the old and intriguing
Mentoni, and the mother of that fair child, her first
and only one, who now deep beneath the murky
water, was thinking in bitterness of heart upon her
sweet caresses, and exhausting its little life in struggles to call upon her name.

She stood alone. Her small, bare, and silvery
feet gleamed in the black mirror of marble beneath
her. Her hair, not as yet more than half loosened
for the night from its ball-room array, clustered,
amid a shower of diamonds, round and round
her classical head, in curls like those of the young
hyacinth. A snowy-white and gauze-like drapery
seemed to be nearly the sole covering to her delicate form; but the mid-summer and midnight air
was hot, sullen, and still,

Un enfant, glissant des bras de sa mère, était tombé d'une des fenêtres supérieures du haut édifice dans le profond et sombre canal. Les eaux calmes s'étaient placidement refermées sur leur victime ; et, quoique ma gondole fût la seule en vue, maints vaillants nageurs, déjà dans le courant, cherchaient en vain à la surface le trésor qu'on ne devait découvrir, hélas ! que dans l'abîme. Sur les larges dalles de marbre noir, à l'entrée du Palais, et quelques marches au-dessus de l'eau, se tenait une personne qu'aucun de ceux qui la virent alors ne peut depuis avoir oubliée. C'était la Marchesa Aphrodite – l'adoration de tout Venise – la plus gaie parmi les gaies – la plus ravissante d'entre toutes les belles – mais aussi la jeune épouse du vieil intrigant Mentoni[3], et la mère de ce bel enfant, son premier et unique enfant, qui maintenant, au profond des eaux ténébreuses, songeait avec amertume à ses douces caresses et épuisait sa petite vie en efforts pour invoquer son nom.

Elle se tenait seule. Ses petits pieds nus et argentés brillaient sur le noir miroir du sol de marbre. Sa chevelure, seulement à demi débarrassée pour la nuit de sa parure de bal, cascadait en une pluie de diamants, entourant son visage classique de boucles semblables à celles de la jeune jacinthe[4]. Une draperie blanche comme la neige et légère comme la gaze semblait presque seule couvrir sa forme délicate ; mais l'air de cette nuit d'été était chaud, lourd et calme,

and no motion in the statue-like form itself, stirred
even the folds of that raiment of very vapor which
hung around it as the heavy marble hangs around
the Niobe. Yet – strange to say! – her large lustrous
eyes were not turned downwards upon that grave
wherein her brightest hope lay buried – but riveted in a widely different direction! The prison of
the Old Republic is, I think, the stateliest building
in all Venice – but how could that lady gaze so
fixedly upon it, when beneath her lay stifling her
own child? Yon dark, gloomy niche, too, yawns
right opposite her chamber window – what, then,
could there be in its shadows – in its architecture
– in its ivy-wreathed and solemn cornices – that
the Marchesa di Mentoni had not wondered at
a thousand times before? Nonsense! – Who does
not remember that, at such a time as this, the eye,
like a shattered mirror, multiplies the images of its
sorrow, and sees in innumerable far off places, the
woe which is close at hand?

Many steps above the Marchesa, and within
the arch of the water-gate, stood, in full dress,
the Satyr-like figure of Mentoni himself. He was
occasionally occupied in thrumming a guitar, and
seemed *ennuyé* to the very death, as at intervals
he gave directions for the recovery of his child.
Stupified and aghast, I had myself no power to
move from the upright position I had assumed
upon first hearing the shriek,

et nul mouvement de la forme sculpturale ne remuait même les plis de cette parure vaporeuse qui tombait autour d'elle comme le lourd marbre tombe autour de la Niobé[5]. Et cependant – c'est étrange à dire ! – ses grands yeux brillants n'étaient pas dirigés vers le bas, vers cette tombe où était enseveli son plus brillant espoir – mais rivés dans une tout autre direction ! La prison de l'Ancienne République est, je crois, le plus imposant édifice de tout Venise – mais comment cette femme pouvait-elle la contempler si fixement, quand au-dessous d'elle gisait, suffocant, son unique enfant ? Cette sombre et ténébreuse niche-là, qui bâille juste en face de la fenêtre de sa chambre – que *pouvait*-il donc y avoir dans ses ombres – dans son architecture – dans ses corniches festonnées de lierre et solennelles – que la Marchesa di Mentoni n'ait déjà scruté mille fois ? Absurde ! Qui ne se souvient qu'en un pareil moment, l'œil, tel un miroir brisé, multiplie les images de son chagrin, et voit au loin, en d'innombrables endroits, le malheur qui est tout proche ?

Plusieurs marches au-dessus de la Marchesa, et sous la voûte de l'entrée donnant sur l'eau, se dressait en grande tenue la silhouette de satyre de Mentoni lui-même. Par moments il grattait une guitare, et semblait mortellement *ennuyé**, tandis qu'il donnait de temps à autre des ordres pour le sauvetage de son enfant. Stupéfié, médusé, j'étais moi-même incapable de quitter la position verticale que j'avais prise dès que j'avais entendu le cri,

and must have presented to the eyes of the agitated group a spectral and ominous appearance, as with pale countenance and rigid limbs, I floated down among them in that funereal gondola.

All efforts proved in vain. Many of the most energetic in the search were relaxing their exertions, and yielding to a gloomy sorrow. There seemed but little hope for the child; (how much less than for the mother!) but now, from the interior of that dark niche which has been already mentioned as forming a part of the Old Republican prison, and as fronting the lattice of the Marchesa, a figure muffled in a cloak, stepped out within reach of the light, and, pausing a moment upon the verge of the giddy descent, plunged headlong into the canal. As, in an instant afterwards, he stood with the still living and breathing child within his grasp, upon the marble flagstones by the side of the Marchesa, his cloak, heavy with the drenching water, became unfastened, and, falling in folds about his feet, discovered to the wonder-stricken spectators the graceful person of a very young man, with the sound of whose name the greater part of Europe was then ringing.

No word spoke the deliverer. But the Marchesa! She will now receive her child – she will press it to her heart – she will cling to its little form, and smother it with her caresses. Alas! *another's* arms have taken it from the stranger – *another's* arms have taken it away, and borne it afar off, unnoticed,

et je devais présenter aux yeux du groupe agité une apparence spectrale et sinistre, alors que, le visage livide et les membres rigides, je glissais au milieu d'eux dans cette funèbre gondole.

Tous les efforts s'avérèrent vains. Beaucoup de chercheurs parmi les plus énergiques relâchaient leurs efforts, et cédaient à une sombre tristesse. Il semblait ne rester que peu d'espoir pour l'enfant (combien moins encore pour la mère !) ; mais alors, de l'intérieur de cette niche obscure dont on a déjà dit qu'elle faisait partie de la prison de l'Ancienne République et qu'elle faisait face à la croisée de la Marchesa, un personnage drapé dans une cape s'avança dans la lumière, et, s'arrêtant un moment au bord de la vertigineuse descente, plongea la tête la première dans le canal. Comme, un instant après, il se tenait avec l'enfant toujours vivant et respirant dans ses bras, sur les dalles de marbre, à côté de la Marchesa, sa cape, lourde de l'eau qui l'imbibait, se détacha et, tombant en plis à ses pieds, découvrit aux spectateurs frappés d'étonnement la gracieuse personne d'un très jeune homme, dont le nom faisait alors résonner de son écho la majeure partie de l'Europe[6].

Le sauveteur ne dit pas un mot. Mais la Marchesa ! Elle va recevoir son enfant – elle va le presser sur son cœur – elle va enlacer la petite forme et l'étouffer de ses caresses. Hélas ! les bras d'un *autre* l'ont pris à l'étranger – les bras d'un *autre* l'ont enlevé et emporté loin, subrepticement,

into the palace! And the Marchesa! Her lip – her beautiful lip trembles: tears are gathering in her eyes – those eyes which, like Pliny's acanthus, are "soft and almost liquid." Yes! tears are gathering in those eyes – and see! the entire woman thrills throughout the soul, and the statue has started into life! The pallor of the marble countenance, the swelling of the marble bosom, the very purity of the marble feet, we behold suddenly flushed over with a tide of ungovernable crimson; and a slight shudder quivers about her delicate frame, as a gentle air at Napoli about the rich silver lilies in the grass.

Why *should* that lady blush! To this demand there is no answer – except that, having left, in the eager haste and terror of a mother's heart, the privacy of her own *boudoir*, she has neglected to enthral her tiny feet in their slippers, and utterly forgotten to throw over her Venetian shoulders that drapery which is their due. What other possible reason could there have been for her so blushing? – for the glance of those wild appealing eyes? – for the unusual tumult of that throbbing bosom? – for the convulsive pressure of that trembling hand? – that hand which fell, as Mentoni turned into the palace, accidentally, upon the hand of the stranger. What reason could there have been for the low – the singularly low tone of those unmeaning words which the lady uttered hurriedly in bidding him adieu?

à l'intérieur du palais ! Et la Marchesa ! sa lèvre – sa lèvre splendide tremble : les larmes emplissent ses yeux – ces yeux qui, comme l'acanthe de Pline, sont « doux et presque liquides ». Oui ! des larmes emplissent ses yeux – et voyez ! la femme tout entière frémit de toute son âme, et la statue a commencé à vivre ! La pâleur du visage de marbre, le gonflement du sein de marbre, la pureté même des pieds de marbre, nous les voyons soudain submergés par un flot d'irrépressible pourpre ; et un léger frisson fait trembler sa forme délicate, comme une brise légère à Naples fait trembler les riches lis d'argent dans les herbes.

Pourquoi cette dame *devrait*-elle rougir ! À cette question il n'est point de réponse, sinon qu'ayant quitté, dans la hâte ardente et la terreur d'un cœur de mère, l'intimité de son propre *boudoir*★, elle a négligé de glisser ses pieds minuscules dans leurs mules, et tout à fait oublié de jeter sur ses épaules vénitiennes cette draperie qui leur est destinée. Quelle autre raison possible aurait-il pu y avoir à une telle rougeur ? – au regard de ses yeux farouches et implorants ? – à l'inhabituel tumulte de ce sein palpitant ? – à la pression convulsive de cette main tremblante ? – cette main qui, comme Mentoni rentrait dans le palais, s'était posée par hasard sur la main de l'étranger. Quelle raison aurait-il pu y avoir au ton bas – au ton singulièrement bas de ces mots inintelligibles que la dame prononça hâtivement en lui disant adieu ?

"Thou hast conquered" – she said, or the murmurs of the water deceived me – "thou hast conquered – one hour after sunrise – we shall meet – so let it be!"

. . . .

The tumult had subsided, the lights had died away within the palace, and the stranger, whom I now recognised, stood alone upon the flags. He shook with inconceivable agitation, and his eye glanced around in search of a gondola. I could not do less than offer him the service of my own; and he accepted the civility. Having obtained an oar at the water-gate, we proceeded together to his residence, while he rapidly recovered his self-possession, and spoke of our former slight acquaintance in terms of great apparent cordiality.

There are some subjects upon which I take pleasure in being minute. The person of the stranger – let me call him by this title, who to all the world was still a stranger – the person of the stranger is one of these subjects. In height he might have been below rather than above the medium size: although there were moments of intense passion when his frame actually *expanded* and belied the assertion. The light, almost slender symmetry of his figure, promised more of that ready activity which he evinced at the Bridge of Sighs,

« Tu as vaincu – » dit-elle, à moins que les mur-
mures de l'eau ne m'aient trompé, « tu as vaincu
– une heure après le lever du soleil – nous nous
retrouverons – qu'il en soit ainsi ! »

. . . .

Le tumulte s'était apaisé, les lumières s'étaient
éteintes dans le palais, et l'étranger, que je recon-
naissais maintenant, se tenait debout, seul sur les
dalles. Il était secoué d'une inconcevable agitation
et ses yeux exploraient les alentours à la recherche
d'une gondole. Je ne pouvais faire moins que lui
offrir de disposer de la mienne ; et il accepta la poli-
tesse. Ayant obtenu une rame à la porte donnant sur
l'eau, nous nous dirigeâmes ensemble vers sa rési-
dence, tandis qu'il recouvrait rapidement son sang-
froid, et parlait de nos précédentes brèves relations
en des termes d'une apparente grande cordialité.

Il est certains sujets sur lesquels je prends plaisir
à être minutieux. La personne de l'étranger
– qu'on me permette de lui donner ce qualifi-
catif, lui qui pour tout le monde était encore un
étranger – la personne de l'étranger est l'un de
ces sujets. De taille, il pouvait être plutôt au-dessous qu'au-dessus de la moyenne : il y avait cependant des moments d'intense passion où sa stature
se déployait réellement et démentait cette assertion.
Le profil svelte, presque gracile, de sa silhouette
annonçait cette promptitude d'action qu'il avait
manifestée au Pont des Soupirs,

than of that Herculean strength which he has been
known to wield without an effort, upon occasions
of more dangerous emergency. With the mouth
and chin of a deity – singular, wild, full, liquid eyes,
whose shadows varied from pure hazel to intense
and brilliant jet – and a profusion of curling, black
hair, from which a forehead of unusual breadth
gleamed forth at intervals all light and ivory – his
were features than which I have seen none more
classically regular, except, perhaps, the marble
ones of the Emperor Commodus. Yet his countenance was, nevertheless, one of those which all
men have seen at some period of their lives, and
have never afterwards seen again. It had no peculiar – it had no settled predominant expression to
be fastened upon the memory; a countenance seen
and instantly forgotten – but forgotten with a vague
and never-ceasing desire of recalling it to mind.
Not that the spirit of each rapid passion failed, at
any time, to throw its own distinct image upon
the mirror of that face – but that the mirror, mirror-
like, retained no vestige of the passion, when the
passion had departed.

Upon leaving him on the night of our adventure, he solicited me, in what I thought an urgent
manner, to call upon him *very* early the next
morning. Shortly after sunrise, I found myself
accordingly at his Palazzo, one of those huge
structures of gloomy, yet fantastic pomp,

plutôt que cette force herculéenne qu'il était réputé avoir déployée – sans le moindre effort – en des circonstances bien plus dangereuses. Avec la bouche et le menton d'un dieu – des yeux singuliers, farouches, pleins, limpides, dont les ombres variaient du pur noisette au jais intense et brillant – et une profusion de cheveux noirs bouclés, entre lesquels un front d'une largeur inhabituelle projetait par moments son éclat, tout de lumière et d'ivoire – ses traits étaient tels que je n'en ai jamais vu de plus classiquement réguliers, sauf, peut-être, les traits de marbre de l'empereur Commode[7]. Et cependant son visage était de ceux que tous les hommes ont vus à quelque période de leur vie, et n'ont jamais revus par la suite. Il n'avait aucune expression particulière – il n'avait aucune expression prédominante qui se fixât dans la mémoire ; un visage vu et aussitôt oublié – mais oublié avec un vague et incessant désir de se le remémorer. Non que l'esprit de chaque brève passion ne manquât à tout moment de jeter sa propre et distincte image sur le miroir de ce visage, mais ce miroir, comme tout miroir, ne retenait nul vestige de la passion lorsque la passion s'était évanouie.

Avant que je le quitte, la nuit de notre aventure, il me demanda, d'une façon que je jugeai pressante, de lui rendre visite *très* tôt le lendemain matin. Peu après le lever du soleil, je me retrouvai donc à son Palazzo, l'un de ces énormes bâtiments d'un faste morne quoique fabuleux,

which tower above the waters of the Grand Canal in the vicinity of the Rialto. I was shown up a broad winding staircase of mosaics, into an apartment whose unparalleled splendor burst through the opening door with an actual glare, making me blind and dizzy with luxuriousness.

I knew my acquaintance to be wealthy. Report had spoken of his possessions in terms which I had even ventured to call terms of ridiculous exaggeration. But as I gazed about me, I could not bring myself to believe that the wealth of any subject in Europe could have supplied the princely magnificence which burned and blazed around.

Although, as I say, the sun had arisen, yet the room was still brilliantly lighted up. I judged from this circumstance, as well as from an air of exhaustion in the countenance of my friend, that he had not retired to bed during the whole of the preceding night. In the architecture and embellishments of the chamber, the evident design had been to dazzle and astound. Little attention had been paid to the *decora* of what is technically called *keeping*, or to the proprieties of nationality. The eye wandered from object to object, and rested upon none – neither the *grotesques* of the Greek painters, nor the sculptures of the best Italian days, nor the huge carvings of untutored Egypt. Rich draperies in every part of the room trembled to the vibration of low, melancholy music, whose origin was not to be discovered.

qui s'élèvent au-dessus des eaux du Grand Canal dans le voisinage du Rialto. On me fit monter par un large escalier tournant de mosaïque jusqu'à une salle dont la splendeur incomparable flamboyait à travers la porte ouverte d'un véritable éclat qui m'aveuglait et m'étourdissait de somptuosité.

Je savais mon ami riche. La rumeur avait évoqué ses biens en des termes que je m'étais même risqué à qualifier de ridicules exagérations. Mais, tandis que je regardais autour de moi, je ne parvenais pas à croire qu'il y eût en Europe un personnage dont la richesse ait pu assurer la magnificence princière qui brûlait et flamboyait en ce lieu.

Quoique, comme je l'ai dit, le soleil fût levé, la pièce était encore brillamment illuminée. Je déduisis de ce fait, autant que de l'air fatigué du visage de mon ami, qu'il ne s'était pas couché de toute la nuit passée. Le dessein évident de l'architecture et des décorations de la chambre avait été d'éblouir et d'étonner. On avait porté peu d'attention aux *bienséances* de ce qu'on appelle techniquement l'*aménagement*, non plus qu'aux caractères de la nationalité. L'œil errait d'objet en objet, sans se poser sur aucun – ni sur les *grotesques*★ des peintres grecs ni sur les sculptures des meilleures époques italiennes, ni sur les énormes reliefs de la brute Égypte. De riches tentures, partout dans la pièce, tremblaient à la vibration d'une musique sourde et mélancolique, dont on ne pouvait découvrir la source.

The senses were oppressed by mingled and conflicting perfumes, reeking up from strange convolute censers, together with multitudinous flaring and flickering tongues of emerald and violet fire. The rays of the newly risen sun poured in upon the whole, through windows formed each of a single pane of crimson-tinted glass. Glancing to and fro, in a thousand reflections, from curtains which rolled from their cornices like cataracts of molten silver, the beams of natural glory mingled at length fitfully with the artificial light, and lay weltering in subdued masses upon a carpet of rich, liquid-looking cloth of Chili gold.

"Ha! ha! ha! – ha! ha! ha!" – laughed the proprietor, motioning me to a seat as I entered the room, and throwing himself back at full length upon an ottoman. "I see," said he, perceiving that I could not immediately reconcile myself to the *bienséance* of so singular a welcome – "I see you are astonished at my apartment – at my statues – my pictures – my originality of conception in architecture and upholstery – absolutely drunk, eh? with my magnificence. But pardon me, my dear sir, (here his tone of voice dropped to the very spirit of cordiality,) pardon me for my uncharitable laughter. You appeared so *utterly* astonished. Besides, some things are so completely ludicrous that a man *must* laugh or die.

Les sens étaient oppressés par des parfums mêlés et contradictoires qui s'exhalaient d'étranges encensoirs convolutés, en même temps que les multiples, flamboyantes et vacillantes langues d'un feu émeraude et violet. Les rayons du soleil à peine levé se déversaient sur l'ensemble par des fenêtres formées chacune d'un seul panneau de verre cramoisi. Brillant çà et là, en un millier de reflets, depuis les rideaux qui tombaient de leurs corniches comme des cataractes d'argent fondu, les rayons de naturelle splendeur finissaient par se mêler irrégulièrement à la lumière artificielle, et étalaient en bouillonnant leurs masses tamisées sur un tapis somptueux et liquide de drap d'or du Chili.

« Ha! Ha! Ha! – Ha! Ha! Ha! » dit en riant le propriétaire qui, à mon entrée dans la pièce, m'indiqua un siège et se rejeta lui-même de tout son long sur une ottomane. « Je vois », dit-il, en s'apercevant que je ne pouvais me faire immédiatement à la *bienséance** d'un accueil si singulier, « je vois que vous êtes étonné par mon appartement – mes statues – mes tableaux – l'originalité de mes conceptions en architecture et en tapisserie – absolument saoulé, hein? par ma magnificence? Mais pardonnez-moi, mon cher Monsieur » (ici son ton de voix revint à la teneur même de la cordialité) « pardonnez-moi mon rire peu charitable. Vous m'avez semblé si *complètement* abasourdi. D'ailleurs certaines choses sont si totalement risibles qu'un homme *doit* en rire ou mourir.

To die laughing must be the most glorious of all glorious deaths! Sir Thomas More – a very fine man was Sir Thomas More – Sir Thomas More died laughing, you remember. Also in the *Absurdities* of Ravisius Textor, there is a long list of characters who came to the same magnificent end. Do you know, however," continued he musingly, "that at Sparta (which is now Palæochori), at Sparta, I say, to the west of the citadel, among a chaos of scarcely visible ruins, is a kind of *socle* upon which are still legible the letters ΛΑΣΜ. They are undoubtedly part of ΓΕΛΑΣΜΑ. Now, at Sparta were a thousand temples and shrines to a thousand different divinities. How exceedingly strange that the altar of Laughter should have survived all the others! But in the present instance," he resumed, with a singular alteration of voice and manner, "I have no right to be merry at your expense. You might well have been amazed. Europe cannot produce anything so fine as this, my little regal cabinet. My other apartments are by no means of the same order; mere *ultras* of fashionable insipidity. This is better than fashion – is it not? Yet this has but to be seen to become the rage – that is, with those who could afford it at the cost of their entire patrimony. I have guarded, however, against any such profanation. With one exception you are the only human being besides myself and my *valet*,

Mourir en riant doit être la plus glorieuse de toutes les morts glorieuses ! Sir Thomas More – c'était un homme très remarquable que Sir Thomas More – Sir Thomas More mourut en riant, souvenez-vous[8]. Il y a aussi dans les *Absurdités* de Ravisius Textor[9] une longue liste de personnages qui ont eu la même fin magnifique. Savez-vous cependant », continuat-il pensivement, « qu'à Sparte (qui est aujourd'hui Palaeochori), à Sparte, dis-je, à l'ouest de la citadelle, parmi un chaos de ruines à peine discernables, il y a une espèce de *socle*⋆, sur lequel on peut lire les lettres ΛΑΣΜ. C'est indubitablement une partie de ΓΕΛΑΣΜΑ[10]. Or, il y avait à Sparte un millier de temples et de sanctuaires pour un millier de divinités différentes. N'est-il pas extrêmement étrange que l'autel du Rire ait survécu à tous les autres ! Mais dans le cas présent », reprit-il en changeant singulièrement de voix et d'attitude, « je n'ai pas le droit de m'égayer à vos dépens. Vous pouvez en effet avoir été surpris. L'Europe ne peut rien montrer d'aussi beau que ceci, mon petit cabinet royal. Mes autres appartements ne sont en aucune manière du même ordre ; seulement des *ultras* de l'insipidité à la mode. Ceci vaut mieux que la mode – n'est-ce pas ? Il suffirait pourtant qu'on le voie pour que cela devienne la fureur du moment – du moins pour ceux qui pourraient se l'offrir au prix de tout leur patrimoine. Je me suis cependant gardé d'une telle profanation. À une exception près, vous êtes le seul être humain, en dehors de moi-même et de mon *valet*⋆,

who has been admitted within the mysteries of these imperial precincts, since they have been bedizzened as you see!"

I bowed in acknowledgment: for the over-powering sense of splendor and perfume, and music, together with the unexpected eccentricity of his address and manner, prevented me from expressing, in words, my appreciation of what I might have construed into a compliment.

"Here," he resumed, arising and leaning on my arm as he sauntered around the apartment, "here are paintings from the Greeks to Cimabue, and from Cimabue to the present hour. Many are chosen, as you see, with little deference to the opinions of Virtû. They are all, however, fitting tapestry for a chamber such as this. Here too, are some *chefs d'œuvre* of the unknown great – and here unfinished designs by men, celebrated in their day, whose very names the perspicacity of the academies has left to silence and to me. What think you," said he, turning abruptly as he spoke – "what think you of this Madonna della Pietà?"

"It is Guido's own!" I said with all the enthusiasm of my nature, for I had been poring intently over its surpassing loveliness. "It is Guido's own! – how *could* you have obtained it? – she is undoubtedly in painting what the Venus is in sculpture."

qui ait été admis dans le mystère de cette enceinte impériale depuis qu'elle a été décorée comme vous la voyez ! »

Je m'inclinai pour toute réponse ; car la sensation accablante de la splendeur, et du parfum, et de la musique, liée à l'excentricité inattendue de son discours et de ses manières, m'empêchait de lui exprimer en mots ma gratitude pour ce que j'aurais pu interpréter comme un compliment.

« Voici », reprit-il en se levant et en s'appuyant sur mon bras pour flâner dans l'appartement, « voici les peintures des Grecs jusqu'à Cimabue, et de Cimabue jusqu'à l'époque actuelle. Beaucoup sont choisies, comme vous le voyez, avec peu de respect envers les principes du Goût. Elles conviennent toutes cependant pour tapisser une pièce comme celle-ci. Voici aussi quelques *chefs-d'œuvre** de grands inconnus – et voici des projets inachevés d'hommes célèbres en leur temps, et dont la perspicacité des académies a abandonné le vrai nom au silence et à moi-même. Que pensez-vous », dit-il se retournant brusquement tout en parlant, « que pensez-vous de cette Madonna della Pietà ? »

« C'est celle du Guide ! » dis-je avec tout l'enthousiasme de ma nature, car j'avais observé attentivement son incomparable beauté. « C'est celle du Guide ! – comment avez-vous *pu* l'obtenir ? – elle est sans aucun doute à la peinture ce que la Vénus est à la sculpture. »

"Ha!" said he thoughtfully, "the Venus – the beautiful Venus? – the Venus of the Medici? – she of the diminutive head and the gilded hair? Part of the left arm (here his voice dropped so as to be heard with difficulty), and all the right are restorations, and in the coquetry of that right arm lies, I think, the quintessence of all affectation. Give *me* the Canova! The Apollo – too, is a copy – there can be no doubt of it – blind fool that I am, who cannot behold the boasted inspiration of the Apollo! I cannot help – pity me! – I cannot help preferring the Antinous. Was it not Socrates who said that the statuary found his statue in the block of marble? Then Michæl Angelo was by no means original in his couplet –

> *'Non ha l'ottimo artista alcun concetto*
> *Che un marmo solo in se non circonscriva.'*"

It has been, or should be remarked, that, in the manner of the true gentleman, we are always aware of a difference from the bearing of the vulgar, without being at once precisely able to determine in what such difference consists. Allowing the remark to have applied in its full force to the outward demeanor of my acquaintance, I felt it, on that eventful morning, still more fully applicable to his moral temperament and character.

« Ha ! » dit-il pensivement, « la Vénus – la belle Vénus ? – la Vénus des Médicis ? – celle qui a une petite tête et une chevelure dorée ? Une partie du bras gauche » (ici sa voix diminua au point qu'on ne l'entendait plus qu'avec difficulté) « et tout le bras droit sont des restaurations, et dans la coquetterie de ce bras droit réside, je pense, la quintessence de toute affectation. Parlez-*moi* de Canova ! L'Apollon, aussi ! – c'est une copie – il ne peut y avoir aucun doute là-dessus – quel sot aveugle suis-je, moi qui ne peux saisir l'inspiration tant vantée de l'Apollon ! Je ne peux m'empêcher – plaignez-moi ! – je ne peux m'empêcher de préférer l'Antinoüs. N'était-ce pas Socrate qui disait que le statuaire avait trouvé sa statue dans le bloc de marbre ? Ainsi Michel-Ange n'était en rien original dans son distique :

Non ha l'ottimo artista alcun concetto
Che un marmo solo in se non circonscriva[11]. »

On a remarqué, ou on aurait dû le faire, que dans les façons du vrai gentilhomme, nous percevons toujours une différence avec celles du vulgaire, sans être pour autant capables de déterminer avec précision en quoi consiste une telle différence. En admettant que la remarque s'appliquât dans toute sa force à l'apparence extérieure de mon ami, je la sentais, en cette matinée fertile en événements, bien plus largement applicable encore à son tempérament moral et à son caractère.

Nor can I better define that peculiarity of spirit which seemed to place him so essentially apart from all other human beings, than by calling it a *habit* of intense and continual thought, pervading even his most trivial actions – intruding upon his moments of dalliance – and interweaving itself with his very flashes of merriment – like adders which writhe from out the eyes of the grinning masks in the cornices around the temples of Persepolis.

I could not help, however, repeatedly observing, through the mingled tone of levity and solemnity with which he rapidly descanted upon matters of little importance, a certain air of trepidation – a degree of nervous *unction* in action and in speech – an unquiet excitability of manner which appeared to me at all times unaccountable, and upon some occasions even filled me with alarm. Frequently, too, pausing in the middle of a sentence whose commencement he had apparently forgotten, he seemed to be listening in the deepest attention, as if either in momentary expectation of a visiter, or to sounds which must have had existence in his imagination alone.

It was during one of these reveries or pauses of apparent abstraction, that, in turning over a page of the poet and scholar Politian's beautiful tragedy "The Orfeo," (the first native Italian tragedy,) which lay near me upon an ottoman,

Et je ne saurais mieux définir cette particularité d'esprit qui semblait le situer si essentiellement à l'écart de tous les autres êtres humains, qu'en nommant cela une *habitude* de pensée intense et continuelle, qui pénétrait même ses actes les plus ordinaires – qui s'infiltrait dans ses moments de badinage – et qui s'insinuait même dans ses accès de gaieté – comme ces vipères qui se déroulent hors des orbites des masques ricanants sur les corniches couronnant les temples de Persépolis.

Je ne pus cependant m'empêcher d'observer à plusieurs reprises, derrière le ton mêlé de légèreté et de solennité sur lequel il traitait rapidement de choses de peu d'importance, un certain air de trépidation – un degré d'*onction* nerveuse dans les gestes et les paroles – une excitation inquiète du comportement, qui me semblaient chaque fois inexplicables, et même à plusieurs occasions me remplirent d'inquiétude. Souvent aussi, s'arrêtant au milieu d'une phrase dont il avait apparemment oublié le commencement, il semblait guetter avec la plus profonde attention, comme s'il s'attendait à l'arrivée imminente d'un visiteur, ou comme s'il entendait des sons qui ne devaient avoir eu d'existence que dans sa seule imagination.

Ce fut durant l'une de ces rêveries ou de ces pauses d'apparente distraction qu'en tournant une page de la belle tragédie du poète et érudit Politien[12] *L'Orfeo* (la première tragédie véritablement italienne), qui était posée près de moi sur une ottomane,

I discovered a passage underlined in pencil. It was a passage towards the end of the third act – a passage of the most heart-stirring excitement – a passage which, although tainted with impurity, no man shall read without a thrill of novel emotion – no woman without a sigh. The whole page was blotted with fresh tears, and, upon the opposite interleaf, were the following English lines, written in a hand so very different from the peculiar characters of my acquaintance, that I had some difficulty in recognising it as his own.

Thou wast that all to me, love,
    For which my soul did pine –
A green isle in the sea, love,
    A fountain and a shrine,
All wreathed with fairy fruits and flowers;
    And all the flowers were mine.

Ah, dream too bright to last!
    Ah, starry Hope, that didst arise
But to be overcast!
    A voice from out the Future cries,
"Onward!" – but o'er the Past
    (Dim gulf!) my spirit hovering lies,
Mute – motionless – aghast!

For alas! alas! with me
    The light of life is o'er.
"No more – no more – no more,"

que je découvris un passage souligné au crayon.
C'était un passage vers la fin du troisième acte – un
passage d'une poignante émotion – un passage
que, bien que teinté d'impureté, aucun homme
ne saurait lire sans un frisson d'émotion nouvelle
– aucune femme sans un soupir. Toute la page
était tachée de larmes récentes, et, sur le feuillet
opposé, il y avait les vers anglais suivants, tracés
d'une écriture tellement différente de la calligra-
phie originale de mon ami, que j'eus quelque difficulté à la reconnaître pour sienne.

> *Tu étais pour moi, amour,*
> *Tout ce pour quoi languissait mon âme –*
> *Une île verte dans la mer, amour,*
> *Une fontaine et un autel,*
> *Tout enguirlandés de fruits et de fleurs féeriques,*
> *Et toutes les fleurs étaient miennes.*
>
> *Ah, rêve trop brillant pour durer !*
> *Ah, Espérance étoilée ! qui ne t'es levée*
> *Que pour être voilée !*
> *Une voix du fond du Futur crie,*
> *« Avance ! Avance ! » – mais sur le Passé*
> *(Sombre gouffre !) mon esprit flottant gît,*
> *Muet, immobile, frappé d'effroi !*
>
> *Car hélas ! hélas pour moi*
> *La lumière de la vie est passée.*
> *« Jamais plus – jamais plus – jamais plus »*

(Such language holds the solemn sea
  To the sands upon the shore,)
Shall bloom the thunder-blasted tree,
  Or the stricken eagle soar!

Now all my hours are trances;
  And all my nightly dreams
Are where the dark eye glances,
  And where thy footstep gleams,
In what ethereal dances,
  By what Italian streams.

Alas! for that accursed time
  They bore thee o'er the billow,
From Love to titled age and crime,
  And an unholy pillow! –
  From me, and from our misty clime,
  Where weeps the silver willow!

That these lines were written in English – a language with which I had not believed their author acquainted – afforded me little matter for surprise. I was too well aware of the extent of his acquirements, and of the singular pleasure he took in concealing them from observation, to be astonished at any similar discovery; but the place of date, I must confess, occasioned me no little amazement. It had been originally written *London*, and afterwards carefully overscored – not, however, so effectually as to conceal the word from a scrutinizing eye.

(C'est le discours que tient la mer solennelle
Aux sables sur la plage)
Ne fleurira l'arbre foudroyé,
Ne s'élèvera l'aigle abattu !

Maintenant tous mes jours sont des transes,
Et tous mes rêves nocturnes
Sont là où brille ton œil gris,
Là où ton pas étincelle
En quelles danses éthérées,
Au bord de quelles eaux italiennes.

Hélas ! en ce temps maudit
Ils t'emportèrent sur les flots,
Loin de l'Amour, vers la vieillesse titrée et le crime,
Et vers un oreiller impie –
Loin de moi, et loin de notre brumeux climat
Où pleure le saule argenté[13] *!*

Que ces vers fussent écrits en anglais – une langue dont je n'aurais pas cru leur auteur familier – ne m'apporta qu'un faible sujet de surprise. J'étais trop averti de l'étendue de ses connaissances, et du plaisir singulier qu'il prenait à les cacher à l'observateur, pour être surpris par une semblable découverte ; mais le lieu d'où ils étaient datés, je dois le confesser, me causa un certain étonnement. On avait d'abord écrit *Londres*, et ensuite on l'avait soigneusement raturé – pas assez cependant pour cacher le mot à un œil scrutateur.

I say this occasioned me no little amazement; for I well remember that, in a former conversation with my friend, I particularly inquired if he had at any time met in London the Marchesa di Mentoni, (who for some years previous to her marriage had resided in that city,) when his answer, if I mistake not, gave me to understand that he had never visited the metropolis of Great Britain. I might as well here mention, that I have more than once heard, (without of course giving credit to a report involving so many improbabilities,) that the person of whom I speak, was not only by birth, but in education, an *Englishman*.

. . . .

"There is one painting," said he, without being aware of my notice of the tragedy – "there is still one painting which you have not seen." And throwing aside a drapery, he discovered a full-length portrait of the Marchesa Aphrodite.

Human art could have done no more in the delineation of her superhuman beauty. The same ethereal figure which stood before me the preceding night upon the steps of the Ducal Palace, stood before me once again. But in the expression of the countenance, which was beaming all over with smiles, there still lurked (incomprehensible anomaly!) that fitful stain of melancholy which will ever be found inseparable from the perfection of the beautiful.

Je dis que ceci provoqua en moi de l'étonnement ; car je me souvenais bien que, lors d'une précédente conversation avec mon ami, je lui avais en particulier demandé s'il avait jamais rencontré à Londres la Marchesa di Mentoni (qui pendant quelques années avant son mariage avait résidé dans cette ville), et sa réponse, si je ne me trompe, m'avait laissé entendre qu'il n'avait jamais visité la métropole de la Grande-Bretagne. Je pourrais tout aussi bien mentionner ici que j'ai plus d'une fois entendu dire (sans bien sûr accorder crédit à une rumeur impliquant tant d'improbabilités) que la personne dont je parle était non seulement de naissance, mais aussi d'éducation, un *Anglais*.

. . . .

« Il y a un tableau », dit-il, sans s'apercevoir que j'avais remarqué la tragédie, « il y a encore un tableau que vous n'avez pas vu. » Et, en écartant une tenture, il découvrit un portrait en pied de la Marchesa Aphrodite.

L'art humain n'aurait pu faire mieux dans la peinture de sa beauté surhumaine. La même forme éthérée qui s'était trouvée devant moi la nuit précédente sur les marches du Palais des Doges se tenait de nouveau devant moi. Mais dans l'expression du visage, qui était tout rayonnant de sourire, se cachait encore (incompréhensible anomalie !) cette trace incertaine de mélancolie qui se trouvera toujours inséparable de la beauté parfaite.

Her right arm lay folded over her bosom. With her left she pointed downward to a curiously fashioned vase. One small, fairy foot, alone visible, barely touched the earth – and, scarcely discernible in the brilliant atmosphere which seemed to encircle and enshrine her loveliness, floated a pair of the most delicately imagined wings. My glance fell from the painting to the figure of my friend, and the vigorous words of Chapman's *Bussy D'Ambois* quivered instinctively upon my lips:

> *"He is up*
> *There like a Roman statue! He will stand*
> *Till Death hath made him marble!"*

"Come!" he said at length, turning towards a table of richly enamelled and massive silver, upon which were a few goblets fantastically stained, together with two large Etruscan vases, fashioned in the same extraordinary model as that in the foreground of the portrait, and filled with what I supposed to be Johannisberger. "Come!" he said, abruptly, "let us drink! It is early – but let us drink. It is *indeed* early," he continued, musingly, as a cherub with a heavy golden hammer, made the apartment ring with the first hour after sunrise – "It is *indeed* early, but what matters it? let us drink! Let us pour out an offering to yon solemn sun which these gaudy lamps and censers are so eager to subdue!"

Son bras droit était replié sur son sein. De son bras gauche, elle désignait à terre un vase curieusement façonné. Un petit pied de fée, seul visible, touchait tout juste le sol – et, à peine discernable dans l'atmosphère brillante qui semblait entourer et enchâsser sa beauté, flottait une paire d'ailes des plus délicatement imaginées. Mon regard glissa du tableau vers la silhouette de mon ami, et les mots vigoureux du *Bussy d'Amboise* de Chapman[14] frémirent spontanément sur mes lèvres :

> « *Il se dresse là*
> *Comme une statue romaine ! Il restera debout,*
> *Jusqu'à ce que la Mort l'ait fait marbre !* »

« Venez ! » dit-il enfin, en se tournant vers une table d'argent massif richement émaillée sur laquelle il y avait quelques gobelets fantasquement colorés, avec deux grands vases étrusques ouvragés selon le même extraordinaire modèle que celui qu'on voyait au premier plan du tableau, et emplis de ce que je supposai être du johannisberg. « Venez ! dit-il brusquement, buvons ! Il est tôt mais buvons ! Il est *vraiment* tôt », poursuivit-il rêveusement, tandis qu'un chérubin armé d'un lourd marteau d'or faisait résonner la pièce de la première heure après le lever du soleil – « Il est *vraiment* tôt, mais qu'importe ? Buvons ! Versons une libation à ce soleil solennel que ces lampes et ces encensoirs éclatants sont si avides de dompter ! »

And, having made me pledge him in a bumper, he swallowed in rapid succession several goblets of the wine.

"To dream," he continued, resuming the tone of his desultory conversation, as he held up to the rich light of a censer one of the magnificent vases – "to dream has been the business of my life. I have therefore framed for myself, as you see, a bower of dreams. In the heart of Venice could I have erected a better? You behold around you, it is true, a medley of architectural embellishments. The chastity of Ionia is offended by antediluvian devices, and the sphynxes of Egypt are outstretched upon carpets of gold. Yet the effect is incongruous to the timid alone. Proprieties of place, and especially of time, are the bugbears which terrify mankind from the contemplation of the magnificent. Once I was myself a decorist; but that sublimation of folly has palled upon my soul. All this is now the fitter for my purpose. Like these arabesque censers, my spirit is writhing in fire, and the delirium of this scene is fashioning me for the wilder visions of that land of real dreams whither I am now rapidly departing." He here paused abruptly, bent his head to his bosom, and seemed to listen to a sound which I could not hear. At length, erecting his frame, he looked upwards and ejaculated the lines of the Bishop of Chichester: –

Et, m'ayant invité à trinquer avec lui, il avala en une rapide succession plusieurs gobelets de vin.

« Rêver », continua-t-il, reprenant le ton de sa conversation décousue, tandis qu'il élevait vers la riche lumière d'un encensoir l'un des magnifiques vases – « rêver a été l'affaire de ma vie. Je me suis donc aménagé, comme vous voyez, une demeure de rêve. Au cœur de Venise, aurais-je pu en ériger une meilleure ? Vous voyez autour de vous, il est vrai, un mélange de styles architecturaux. La simplicité de l'Ionie est contrariée par les formes antédiluviennes, et les sphinx de l'Égypte sont étalés sur des tapis d'or. Pourtant l'effet n'est incongru que pour les seuls timides. Les convenances de lieu et surtout d'époque sont les bêtes noires qui terrifient l'humanité et la privent de la contemplation du magnifique. J'ai été moi-même autrefois un partisan de la décoration : mais cette sublimation de la sottise a lassé mon âme. Tout ceci s'accorde mieux maintenant à mon dessein. Comme ces arabesques encensoirs, mon esprit se tord dans le feu et le délire de ce décor me prépare aux visions plus sauvages de ce pays des vrais rêves vers lequel je suis en train de partir rapidement. » Ici, il s'arrêta brusquement, pencha la tête vers sa poitrine, et parut écouter un bruit que je ne pouvais entendre. Enfin, se dressant de toute sa taille, il leva les yeux et lança les vers de l'évêque de Chichester[15] :

Stay for me there! I will not fail
To meet thee in that hollow vale.

In the next instant, confessing the power of
the wine, he threw himself at full length upon an
ottoman.

A quick step was now heard upon the staircase,
and a loud knock at the door rapidly succeeded. I
was hastening to anticipate a second disturbance,
when a page of Mentoni's household burst into
the room, and faltered out, in a voice choking with
emotion, the incoherent words, "My mistress! –
my mistress! – poisoned! – poisoned! Oh beautiful –
oh beautiful Aphrodite!"

Bewildered, I flew to the ottoman, and endeavored to arouse the sleeper to a sense of the startling
intelligence. But his limbs were rigid – his lips were
livid – his lately beaming eyes were riveted in *death*.
I staggered back towards the table – my hand fell
upon a cracked and blackened goblet – and a consciousness of the entire and terrible truth flashed
suddenly over my soul.

Attends-moi là-bas ! Je ne manquerai pas
De te rejoindre en ce val profond.

L'instant d'après, cédant au pouvoir du vin, il se jeta de tout son long sur une ottomane.

Un pas précipité se fit alors entendre dans l'escalier, et aussitôt lui succéda un coup violent à la porte. Je me hâtai pour devancer une seconde perturbation lorsqu'un page de la maison des Mentoni se rua dans la pièce et balbutia d'une voix tremblante d'émotion les paroles incohérentes : « Ma maîtresse ! – ma maîtresse ! – empoisonnée ! – empoisonnée ! oh belle – oh belle Aphrodite ! »

Affolé, je m'élançai vers l'ottomane, et tentai d'éveiller le dormeur à la conscience de cette effrayante nouvelle. Mais ses membres étaient rigides – ses lèvres étaient livides – ses yeux à l'instant encore brillants étaient rivés dans la *mort*. Je reculai en chancelant vers la table – ma main tomba sur un gobelet craquelé et noirci – et la conscience de l'entière et terrible vérité illumina soudain mon âme.

Never Bet the Devil your Head

A Tale with a Moral

Ne pariez jamais votre tête au diable

Conte avec une morale

"*Con tal que las costumbres de un autor,*" says Don Thomas de las Torres, in the preface to his "Amatory Poems" "*sean puras y castas, importa muy poco que no sean igualmente severas sus obras*" – meaning, in plain English, that, provided the morals of an author are pure, personally, it signifies nothing what are the morals of his books. We presume that Don Thomas is now in Purgatory for the assertion. It would be a clever thing, too, in the way of poetical justice, to keep him there until his "Amatory Poems" get out of print, or are laid definitely upon the shelf through lack of readers. Every fiction *should have* a moral; and, what is more to the purpose, the critics have discovered that every fiction *has*. Philip Melancthon, some time ago, wrote a commentary upon the "Batrachomyomachia" and proved that the poet's object was to excite a distaste for sedition. Pierre la Seine, going a step farther, shows that the intention was to recommend to young men temperance in eating and drinking.

« *Con tal que las costumbres de un autor* », dit Don Tomas De Las Torres dans la préface à ses *Poèmes érotiques*, « *sean puras y castas, importa muy poco que no sean igualmente severas sus obras*[1] » – ce qui veut dire, en bon français, que tant que la morale personnelle d'un auteur est pure, la morale de ses livres importe peu. On présume que, pour cette affirmation, Don Tomas est maintenant au Purgatoire. Il serait d'ailleurs assez drôle, en guise de justice poétique, de l'y garder jusqu'à ce que ses *Poèmes érotiques* soient épuisés ou définitivement abandonnés sur leur rayon par manque de lecteurs. Toute œuvre de fiction *devrait avoir* une morale[2]; et, mieux encore, les critiques ont découvert que toute fiction en *avait* une. Philippe Melanchthon, il y a quelque temps, a écrit un commentaire sur la *Batrachomyomachie* et il a prouvé que le but du poète était de provoquer le dégoût de la sédition. Pierre La Seine va encore plus loin et montre que l'intention était de prôner auprès des jeunes gens la tempérance dans le manger et le boire.

Just so, too, Jacobus Hugo has satisfied himself that, by Euenis, Homer meant to insinuate John Calvin; by Antinous, Martin Luther; by the Lotophagi, Protestants in general; and, by the Harpies, the Dutch. Our more modern Scholiasts are equally acute. These fellows demonstrate a hidden meaning in "The Antediluvians," a parable in "Powhatan," new views in "Cock Robin," and transcendentalism in "Hop O' My Thumb." In short, it has been shown that no man can sit down to write without a very profound design. Thus to authors in general much trouble is spared. A novelist, for example, need have no care of his moral. It is there – that is to say, it is somewhere – and the moral and the critics can take care of themselves. When the proper time arrives, all that the gentleman intended, and all that he did not intend, will be brought to light, in the "Dial," or the "Down-Easter," together with all that he ought to have intended, and the rest that he clearly meant to intend: – so that it will all come very straight in the end.

There is no just ground, therefore, for the charge brought against me by certain ignoramuses – that I have never written a moral tale, or, in more precise words, a tale with a moral. They are not the critics predestined to bring me out, and *develop* my morals: – that is the secret. By and by the "North American Quarterly Humdrum" will make them ashamed of their stupidity.

Dans le même sens, Jacobus Hugo[3] s'était persuadé qu'avec Evenos, Homère avait voulu annoncer Jean Calvin; avec Antinoüs, Martin Luther; avec les Lotophages, les protestants en général; et avec les Harpies, les Hollandais. Nos plus modernes scoliastes sont aussi perspicaces. Ces gens démontrent qu'il existe un sens caché dans *Les Antédiluviens*[4], une parabole dans *Powhatan*[5], de nouveaux points de vue dans *Cock Robin*[6] et du transcendantalisme dans *Le Petit Poucet*. En bref, il a été démontré qu'aucun homme ne pouvait s'asseoir pour écrire sans un dessein très profond. On épargne ainsi bien du tracas aux auteurs en général. Un romancier, par exemple, n'a pas besoin de se soucier de sa morale. Elle est là – c'est-à-dire, elle est quelque part – et la morale comme les critiques n'ont qu'à se débrouiller. Au moment voulu, tout ce que le monsieur voulait dire, et tout ce qu'il ne voulait pas dire, sera révélé dans le *Cadran*[7] ou dans la *Revue du Maine*[8] avec tout ce qu'il aurait dû vouloir dire, et aussi tout ce qu'il avait nettement l'intention de vouloir dire; – si bien qu'en fin de compte, tout sera dans l'ordre.

Il n'y a donc aucun fondement à l'accusation lancée contre moi par certains ignares – selon laquelle je n'aurais jamais écrit une histoire morale. Ce ne sont pas des critiques propres à me faire valoir ni à *développer* ma morale; – voilà la vérité. Bientôt le *Traintrain trimestriel de l'Amérique du Nord* leur fera honte pour leur bêtise.

In the meantime, by way of staying execution – by way of mitigating the accusations against me – I offer the sad history appended; – a history about whose obvious moral there can be no question whatever, since he who runs may read it in the large capitals which form the title of the tale. I should have credit for this arrangement – a far wiser one than that of La Fontaine and others, who reserve the impression to be conveyed until the last moment, and thus sneak it in at the fag end of their fables.

Defuncti injuria ne afficiantur was a law of the twelve tables, and *De mortuis nil nisi bonum* is an excellent injunction – even if the dead in question be nothing but dead small beer. It is not my design, therefore, to vituperate my deceased friend, Toby Dammit. He was a sad dog, it is true, and a dog's death it was that he died; but he himself was not to blame for his vices. They grew out of a personal defect in his mother. She did her best in the way of flogging him while an infant – for duties to her well-regulated mind were always pleasures, and babies, like tough steaks, or the modern Greek olive trees, are invariably the better for beating – but, poor woman! she had the misfortune to be left-handed, and a child flogged left-handedly had better be left unflogged. The world revolves from right to left. It will not do to whip a baby from left to right.

En attendant, pour suspendre l'exécution, pour atténuer les accusations portées contre moi, j'offre la triste histoire qui suit; une histoire dont la morale explicite ne peut absolument pas être mise en doute, puisque même celui qui est pressé peut la lire dans les grandes majuscules qui forment le titre de l'histoire. On devrait me féliciter de ce dispositif : bien plus pertinent que celui de La Fontaine et des autres, qui réservent l'impression à produire jusqu'au dernier moment, et la glissent ainsi furtivement tout au bout de leurs fables.

Defuncti injuria ne afficiantur était une loi des douze Tables, et *De mortuis nil nisi bonum*[9] est une excellente injonction – même si les morts en question ne sont que de la petite bière. Il n'est donc pas dans mon intention de vilipender mon défunt ami Toby Dammit[10]. Il eut une vie de chien, c'est vrai, et il mourut comme un chien; mais on ne pouvait lui reprocher personnellement ses vices. Ils provenaient de la propre tare de sa mère. Elle fit de son mieux pour le fouetter lorsqu'il était enfant; car pour son esprit bien réglé, les devoirs étaient toujours des plaisirs, et les enfants, à la façon des biftecks coriaces ou des oliviers grecs modernes[11], étaient invariablement meilleurs lorsqu'on les battait – mais, pauvre femme! elle avait le malheur d'être gauchère, et un enfant fouetté de la main gauche, mieux vaudrait ne jamais l'avoir fouetté. Le monde tourne de droite à gauche. Cela ne se fait pas de fouetter un enfant de gauche à droite.

If each blow in the proper direction drives an evil propensity out, it follows that every thump in an opposite one knocks its quota of wickedness in. I was often present at Toby's chastisements, and, even by the way in which he kicked, I could perceive that he was getting worse and worse every day. At last I saw, through the tears in my eyes, that there was no hope of the villain at all, and one day when he had been cuffed until he grew so black in the face that one might have mistaken him for a little African, and no effect had been produced beyond that of making him wriggle himself into a fit, I could stand it no longer, but went down upon my knees forthwith, and, uplifting my voice, made prophecy of his ruin.

The fact is that his precocity in vice was awful. At five months of age he used to get into such passions that he was unable to articulate. At six months, I caught him gnawing a pack of cards. At seven months he was in the constant habit of catching and kissing the female babies. At eight months he peremptorily refused to put his signature to the Temperance pledge. Thus he went on increasing in iniquity, month after month, until, at the close of the first year, he not only insisted upon wearing *moustaches*, but had contracted a propensity for cursing and swearing, and for backing his assertions by bets.

Through this latter most ungentlemanly practice, the ruin which I had predicted to Toby Dammit overtook him at last.

Si chaque coup dans la bonne direction chasse un mauvais penchant, il s'ensuit que chaque beigne dans une direction opposée fait pénétrer sa part de méchanceté. J'étais souvent présent aux corrections de Toby et, rien qu'à la façon dont il se débattait, je pouvais me rendre compte qu'il empirait de jour en jour. À la fin, je compris, les larmes aux yeux, qu'il n'y avait aucun espoir pour le misérable, et, un jour qu'il avait été taloché jusqu'à ce que son visage devînt tellement noir qu'on aurait pu le prendre pour un petit Africain, et que cela n'avait été suivi d'aucun autre effet que celui de lui faire piquer une crise de nerfs, je tombai aussitôt à genoux, et, élevant la voix, je prophétisai sa ruine.

Le fait est que sa précocité dans le vice fut effroyable. Âgé de cinq mois, il avait l'habitude d'entrer dans des colères telles qu'il en restait incapable d'articuler un mot. À six mois, je le surpris en train de ronger un paquet de cartes. À sept mois, il avait la manie constante d'attraper et d'embrasser les bébés femelles. À huit mois, il refusa péremptoirement de signer le vœu de tempérance. Et ainsi, il empira dans le vice, de mois en mois, si bien qu'à l'issue de sa première année, non seulement il insista pour porter des *moustaches**, mais encore il contracta une tendance à blasphémer, à jurer, et à soutenir ses affirmations par des paris.

C'est par la faute de cette habitude fort peu convenable que la ruine que j'avais prédite à Toby Dammit finit par s'abattre sur lui.

The fashion had "grown with his growth and strengthened with his strength," so that, when he came to be a man, he could scarcely utter a sentence without interlarding it with a proposition to gamble. Not that he actually *laid* wagers – no. I will do my friend the justice to say that he would as soon have laid eggs. With him the thing was a mere formula – nothing more. His expressions on this head had no meaning attached to them whatever. They were simple if not altogether innocent expletives – imaginative phrases wherewith to round off a sentence. When he said "I'll bet you so and so," nobody ever thought of taking him up; but still I could not help thinking it my duty to put him down. The habit was an immoral one, and so I told him. It was a vulgar one – this I begged him to believe. It was discountenanced by society – here I said nothing but the truth. It was forbidden by act of Congress – here I had not the slightest intention of telling a lie. I remonstrated – but to no purpose. I demonstrated – in vain. I entreated – he smiled. I implored – he laughed. I preached – he sneered. I threatened – he swore. I kicked him – he called for the police. I pulled his nose – he blew it, and offered to bet the Devil his head that I would not venture to try that experiment again.

Poverty was another vice which the peculiar physical deficiency of Dammit's mother had entailed upon her son.

L'habitude « avait crû avec sa croissance et s'était renforcée avec sa force », si bien que lorsqu'il devint un homme, il pouvait à peine prononcer une phrase sans l'entrelarder d'une offre de pari. Ce n'est pas qu'il *proposât* véritablement un enjeu – non. Je rendrai à mon ami la justice de dire qu'il aurait plutôt pondu des œufs[12]. Chez lui, la chose n'était qu'une simple formule – rien de plus. Dans ce domaine ses expressions n'avaient en elles-mêmes aucun sens. C'étaient de simples sinon tout à fait innocents explétifs – des expressions imaginaires à l'aide desquelles il arrondissait sa phrase. Lorsqu'il disait « Je vous parie ceci ou cela », personne n'aurait jamais songé à le prendre au mot ; et pourtant je ne pouvais m'empêcher de penser qu'il était de mon devoir de le reprendre. L'habitude était immorale et je le lui dis. Elle était vulgaire ; cela je le priai de le croire. Elle était désapprouvée par la société – là, je ne dis rien que la vérité. C'était interdit en vertu d'une loi du Congrès – là, je n'avais pas eu la moindre intention de dire un mensonge. Je lui fis des remontrances – mais sans résultat. Je raisonnai – en vain. Je le priai – il sourit. J'implorai – il rit. Je prêchai – il ricana. Je menaçai – il jura. Je lui donnai un coup de pied – il appela la police. Je lui tirai le nez – il se moucha, et offrit de parier sa tête au diable que je ne m'aventurerais pas à tenter une fois de plus cette expérience.

La pauvreté était un autre vice que l'étrange tare de la mère de Dammit avait transmis à son fils.

He was detestably poor, and this was the reason, no doubt, that his expletive expressions about betting, seldom took a pecuniary turn. I will not be bound to say that I ever heard him make use of such a figure of speech as "I'll bet you a dollar." It was usually "I'll bet you what you please," or "I'll bet you what you dare," or "I'll bet you a trifle," or else, more significantly still, "*I'll bet the Devil my head.*"

This latter form seemed to please him best: – perhaps because it involved the least risk; for Dammit had become excessively parsimonious. Had any one taken him up, his head was small, and thus his loss would have been small too. But these are my own reflections, and I am by no means sure that I am right in attributing them to him. At all events the phrase in question grew daily in favor, notwithstanding the gross impropriety of a man's betting his brains like bank-notes: – but this was a point which my friend's perversity of disposition would not permit him to comprehend. In the end, he abandoned all other forms of wager, and gave himself up to "*I'll bet the Devil my head,*" with a pertinacity and exclusiveness of devotion that displeased not less than it surprised me. I am always displeased by circumstances for which I cannot account. Mysteries force a man to think, and so injure his health.

Il était affreusement pauvre ; et c'était sans doute la raison pour laquelle ses expressions explétives sur le pari prenaient rarement un tour pécuniaire. On ne me fera pas dire l'avoir jamais entendu utiliser une tournure de phrase comme « Je vous parie un dollar ». C'était d'habitude « Je vous parie ce que vous voulez », ou « Je vous parie ce que vous oserez parier » ou « Je vous parie une broutille », ou encore, plus significativement « *Je parie ma tête au diable !* ».

Cette dernière formule semblait lui plaire davantage ; peut-être parce qu'elle impliquait le moindre risque ; car Dammit était devenu excessivement parcimonieux. Si quelqu'un l'avait pris au mot, sa tête était petite, et sa perte aurait donc été petite elle aussi. Mais ce sont là mes réflexions personnelles, et je ne suis pas du tout certain d'avoir raison de les lui attribuer. En tout cas, l'expression en question gagna chaque jour de la faveur, en dépit de la grave inconvenance qu'il y a pour un homme à parier son cerveau comme on parie des billets de banque ; mais c'était là un point que la perversité d'esprit de mon ami ne lui permettait pas de saisir. À la fin, il abandonna toute autre sorte de gage et s'adonna au « *Je parierais ma tête au diable* » avec une ferveur dont l'obstination et l'exclusivité ne me contrariaient pas moins qu'elles me surprenaient. Je suis toujours contrarié par les situations que je ne peux expliquer. Les mystères forcent un homme à penser et nuisent ainsi à sa santé.

The truth is, there was something in *the air* with
which Mr. Dammit was wont to give utterance
to his offensive expression – something in his
manner of enunciation – which at first interested,
and afterwards made me very uneasy – something which, for want of a more definite term at
present, I must be permitted to call *queer*; but
which Mr. Coleridge would have called mystical,
Mr. Kant pantheistical, Mr. Carlyle twistical, and
Mr. Emerson hyperquizzitistical. I began not to
like it at all. Mr. Dammit's soul was in a perilous
state. I resolved to bring all my eloquence into
play to save it. I vowed to serve him as St. Patrick,
in the Irish chronicle, is said to have served the
toad, that is to say, "awaken him to a sense of
his situation." I addressed myself to the task
forthwith. Once more I betook myself to remonstrance. Again I collected my energies for a final
attempt at expostulation.

When I had made an end of my lecture,
Mr. Dammit indulged himself in some very equivocal behavior. For some moments he remained
silent, merely looking me inquisitively in the face.
But presently he threw his head to one side, and
elevated his eyebrows to a great extent. Then he
spread out the palms of his hands and shrugged
up his shoulders. Then he winked with the right
eye. Then he repeated the operation with the left.
Then he shut them both up very tight.

La vérité est qu'il y avait quelque chose dans *l'air* avec lequel M. Dammit avait l'habitude de proférer son expression déplaisante – quelque chose dans sa *manière* de l'énoncer – qui, au début, m'intrigua et, par la suite, me mit fort mal à l'aise – quelque chose que, faute d'un terme plus précis pour le moment, on m'autorisera à appeler *bizarre,* mais que M. Coleridge aurait appelé mystique, M. Kant panthéistique, M. Carlyle spiralistique et M. Emerson hypercanularistique. Je commençai à ne pas aimer du tout cela. L'âme de M. Dammit se trouvait en situation périlleuse. Je résolus de mettre toute mon éloquence en jeu pour la sauver. Je fis vœu de le servir comme il est dit dans la chronique irlandaise que saint Patrick servit le crapaud, c'est-à-dire de « l'éveiller au sentiment de sa situation ». Je me mis immédiatement à la tâche. Une fois de plus je me livrai au reproche. Une fois encore, je rassemblai toute mon énergie pour une ultime tentative de remontrance.

Quand j'eus mis un terme à mon sermon, M. Dammit se laissa aller à un comportement très équivoque. Pendant quelques instants il resta silencieux, uniquement occupé à me dévisager avec une insistante curiosité. Mais bientôt il rejeta la tête de côté et leva très haut les sourcils. Puis il étendit la paume de ses mains et haussa les épaules. Puis il cligna de l'œil droit. Puis il répéta la même opération avec l'œil gauche. Puis il ferma énergiquement les yeux.

Then he opened them both so very wide that I became seriously alarmed for the consequences. Then, applying his thumb to his nose, he thought proper to make an indescribable movement with the rest of his fingers. Finally, setting his arms a-kimbo, he condescended to reply.

I can call to mind only the heads of his discourse. He would be obliged to me if I would hold my tongue. He wished none of my advice. He despised all my insinuations. He was old enough to take care of himself. Did I still think him baby Dammit? Did I mean to say anything against his character? Did I intend to insult him? Was I a fool? Was my maternal parent aware, in a word, of my absence from the domiciliary residence? He would put this latter question to me as to a man of veracity, and he would bind himself to abide by my reply. Once more he would demand explicitly if my mother knew that I was out. My confusion, he said, betrayed me, and he would be willing to bet the Devil his head that she did not.

Mr. Dammit did not pause for my rejoinder. Turning upon his heel, he left my presence with undignified precipitation. It was well for him that he did so. My feelings had been wounded. Even my anger had been aroused. For once I would have taken him up upon his insulting wager. I would have won for the Arch-Enemy Mr. Dammit's little head – for the fact is, my mamma *was* very well aware of my merely temporary absence from home.

Puis il les ouvrit si larges que je commençai à m'inquiéter sérieusement des éventuelles conséquences. Puis, appliquant le pouce contre son nez, il crut bon de faire un mouvement indescriptible avec les autres doigts. Finalement, mettant les poings sur les hanches, il condescendit à répondre.

Je ne peux me remémorer que les pointes de son discours. Il me serait très obligé de bien vouloir tenir ma langue. Il ne désirait aucun conseil de moi. Il méprisait toutes mes insinuations. Il était assez grand pour s'occuper de lui-même. Le prenais-je toujours pour bébé Dammit ? Avais-je quelque chose à dire contre son caractère ? Avais-je l'intention de l'insulter ? Étais-je un sot ? En un mot, ma mère était-elle au courant de mon absence du domicile familial ? Il me posait cette dernière question comme à quelqu'un de confiance et il s'engageait à s'en tenir à ma réponse. Une fois de plus, il me demanda explicitement si ma mère savait que j'étais sorti. Ma confusion, déclara-t-il, me trahissait et il aurait été prêt à parier sa tête au diable qu'elle l'ignorait.

M. Dammit n'attendit pas ma réponse. Tournant les talons, il me quitta avec une précipitation inélégante. Il valait mieux pour lui qu'il s'en aille. Il avait blessé mes sentiments. Il avait même déclenché ma colère. Pour une fois, je l'aurais pris au mot de son insultant pari. J'aurais gagné la petite tête de M. Dammit pour le compte du Grand Ennemi – car le fait est que ma maman *était* parfaitement au courant de mon absence toute temporaire de la maison.

But *Khoda shefa midêhed* – Heaven gives relief – as the Musselmen say when you tread upon their toes. It was in pursuance of my duty that I had been insulted, and I bore the insult like a man. It now seemed to me, however, that I had done all that could be required of me, in the case of this miserable individual, and I resolved to trouble him no longer with my counsel, but to leave him to his conscience and himself. But although I forebore to intrude with my advice, I could not bring myself to give up his society altogether. I even went so far as to humor some of his less reprehensible propensities; and there were times when I found myself lauding his wicked jokes, as epicures do mustard, with tears in my eyes: – so profoundly did it grieve me to hear his evil talk.

One fine day, having strolled out together, arm in arm, our route led us in the direction of a river. There was a bridge, and we resolved to cross it. It was roofed over, by way of protection from the weather, and the arch-way, having but few windows, was thus very uncomfortably dark. As we entered the passage, the contrast between the external glare, and the interior gloom, struck heavily upon my spirits. Not so upon those of the unhappy Dammit, who offered to bet the Devil his head that I was hipped.

Mais *Khoda shefa midêhed* – que le ciel me sou-
tienne – comme disent les Musulmans quand on
leur marche sur les orteils. C'était dans l'accomplissement de mon devoir que j'avais été insulté,
et je supportai l'insulte comme un homme. Il me
semblait néanmoins que j'avais fait tout ce qui pouvait être exigé de moi en faveur de ce misérable
individu, et je résolus de ne plus du tout l'ennuyer
avec mes conseils mais de le laisser seul avec sa
conscience. Cependant, tout en m'interdisant de
l'importuner de mes avis, je ne pus me résoudre à
renoncer entièrement à sa compagnie. J'allai même
jusqu'à flatter quelques-uns de ses penchants les
moins répréhensibles ; et il y avait des moments où
je me surprenais en train de louer ses mauvaises
plaisanteries, comme les gourmets vantent la mou-
tarde, avec des larmes dans les yeux, tant j'étais profondément attristé d'entendre ses mauvais propos.

Un beau jour que nous étions partis ensemble
nous promener bras dessus bras dessous, notre
route nous mena vers une rivière. Il y avait là un
pont et nous décidâmes de le traverser. Il était
surmonté d'un toit destiné à le protéger contre
les intempéries, et le passage couvert, n'ayant que
peu de fenêtres, était donc très désagréablement
sombre. Lorsque nous pénétrâmes dans le passage, le contraste entre la clarté extérieure et l'obscurité intérieure me frappa vivement l'esprit. Ce
ne fut pas le cas du malheureux Dammit qui offrit
de parier sa tête au diable que j'avais le cafard.

He seemed to be in an unusual good humor. He was excessively lively – so much so that I entertained I know not what of uneasy suspicion. It is not impossible that he was affected with the transcendentals. I am not well enough versed, however, in the diagnosis of this disease to speak with decision upon the point; and unhappily there were none of my friends of the "Dial" present. I suggest the idea, nevertheless, because of a certain species of austere Merry-Andrewism which seemed to beset my poor friend, and caused him to make quite a Tom-Fool of himself. Nothing would serve him but wriggling and skipping about under and over everything that came in his way; now shouting out, and now lisping out, all manner of odd little and big words, yet preserving the gravest face in the world all the time. I really could not make up my mind whether to kick or to pity him. At length, having passed nearly across the bridge, we approached the termination of the foot way, when our progress was impeded by a turnstile of some height. Through this I made my way quietly, pushing it around as usual. But this turn would not serve the turn of Mr. Dammit. He insisted upon leaping the stile, and said he could cut a pigeon-wing over it in the air. Now this, conscientiously speaking, I did not think he could do. The best pigeon-winger over all kinds of style, was my friend Mr. Carlyle, and

Il semblait être d'une inhabituelle bonne humeur.
Il était excessivement agité – à un point tel que je
conçus je ne sais quel soupçon déplaisant. Il n'est
pas impossible qu'il ait été atteint de transcendantalisme. Je ne suis cependant pas assez versé dans le
diagnostic de cette maladie pour me prononcer sur
ce point; et malheureusement aucun de mes amis
du *Cadran* n'était présent. J'émets pourtant cette
idée à cause de cette sorte de bouffonnerie qui semblait posséder mon ami et le conduire à jouer les
idiots[13]. Il ne se plaisait à rien d'autre que se tortiller
et sauter par-dessus ou par-dessous tout ce qui se
présentait sur son chemin; tantôt en criant et tantôt
en murmurant toutes sortes de bizarres petits et
grands mots, et cependant conservant tout le temps
le visage le plus grave du monde. Je ne savais vraiment pas s'il me fallait lui donner des coups de pied
ou avoir pitié de lui. Finalement, alors que nous
avions presque traversé le pont, nous approchions
de l'extrémité du passage lorsque notre route se
trouva barrée par un tourniquet d'une certaine
hauteur. Je le passai tranquillement, en le faisant
tourner selon l'usage. Mais ce tour-là ne s'accordait
guère avec le tour d'esprit de M. Dammit. Il insista
pour sauter au-dessus du tourniquet et déclara
qu'il pouvait faire une aile de pigeon en l'air en
le franchissant. Or de cela, pour parler en toute
conscience, je ne pensais pas qu'il fût capable. Le
meilleur sauteur au-dessus de toutes sortes de tours
de style était mon ami M. Carlyle[14] et,

as I knew *he* could not do it, I would not believe that it could be done by Toby Dammit. I therefore told him, in so many words, that he was a braggadocio, and could not do what he said. For this, I had reason to be sorry afterwards; – for he straightway offered to *bet the Devil his head* that he could.

I was about to reply, notwithstanding my previous resolutions, with some remonstrance against his impiety, when I heard, close at my elbow, a slight cough, which sounded very much like the ejaculation "*ahem!*" I started, and looked about me in surprise. My glance at length fell into a nook of the frame-work of the bridge, and upon the figure of a little lame old gentleman of venerable aspect. Nothing could be more reverend than his whole appearance; for, he not only had on a full suit of black, but his shirt was perfectly clean and the collar turned very neatly down over a white cravat, while his hair was parted in front like a girl's. His hands were clasped pensively together over his stomach, and his two eyes were carefully rolled up into the top of his head.

Upon observing him more closely, I perceived that he wore a black silk apron over his small-clothes; and this was a thing which I thought very odd. Before I had time to make any remark, however, upon so singular a circumstance, he interrupted me with a second "*ahem!*"

comme je savais que *lui* ne le pouvait pas, je me refusais à croire que Toby Dammit pût le faire. Je lui dis donc, en termes pesés, qu'il n'était qu'un matamore et qu'il était incapable de faire ce qu'il disait. J'eus par la suite quelque raison de regretter cela ; car il proposa aussitôt de *parier sa tête au diable* qu'il le pouvait.

J'étais sur le point de répondre, malgré mes résolutions antérieures, en lui faisant quelque remontrance sur son impiété, lorsque j'entendis, tout près de moi, une légère toux qui résonnait tout à fait comme l'exclamation « *hum !* ». Je sursautai et regardai autour de moi avec étonnement. Mon regard finit par tomber sur un recoin de la charpente du pont et sur la silhouette d'un vieux petit monsieur boiteux et d'aspect vénérable. Rien n'aurait pu mieux lui donner l'air révérend que son aspect ; car non seulement il avait un costume entièrement noir, mais aussi sa chemise était parfaitement immaculée et le col se rabattait très nettement sur une cravate blanche, tandis que sa chevelure se divisait sur le front comme celle d'une fille. Il avait les mains méditativement serrées sur son ventre et les yeux attentivement levés vers le haut du visage.

En l'observant de plus près, je découvris qu'il portait un tablier de soie noire par-dessus son pantalon ; et ce fut une chose que je trouvai très étrange. Mais avant que j'aie le temps de faire la moindre remarque à propos d'un détail aussi singulier, il m'interrompit d'un second « *hum !* ».

To this observation I was not immediately prepared to reply. The fact is, remarks of this laconic nature are nearly unanswerable. I have known a Quarterly Review *non-plused* by the word "*Fudge!*" I am not ashamed to say, therefore, that I turned to Mr. Dammit for assistance.

"Dammit," said I, "what are you about? don't you hear? – the gentleman says '*ahem!*'" I looked sternly at my friend while I thus addressed him; for to say the truth, I felt particularly puzzled, and when a man is particularly puzzled he must knit his brows and look savage, or else he is pretty sure to look like a fool.

"Dammit," observed I – although this sounded very much like an oath, than which nothing was farther from my thoughts – "Dammit," I suggested – "the gentleman says '*ahem!*' "

I do not attempt to defend my remark on the score of profundity; I did not think it profound myself; but I have noticed that the effect of our speeches is not always proportionate with their importance in our own eyes; and if I had shot Mr. D. through and through with a Paixhan bomb, or knocked him in the head with the "Poets and Poetry of America," he could hardly have been more discomfited than when I addressed him with those simple words – "Dammit, what are you about? – don't you hear? – the gentleman says '*ahem!*' "

À cette observation, je n'avais pas de réponse immédiate. Le fait est que ces remarques de nature laconique ne permettent presque aucune réponse. J'ai connu une revue trimestrielle qui se trouva *embarrassée* par le mot « *Bah*[15] *!* ». Je n'ai donc pas honte d'avouer que je me tournai vers M. Dammit pour lui demander assistance.

« Dammit, dis-je, à quoi pensez-vous donc ? N'entendez-vous pas ? Ce monsieur dit *"hum !"*. » Je portai un regard sévère sur mon ami tout en m'adressant à lui ; car, pour tout dire, je me sentais particulièrement perplexe, et lorsqu'un homme est particulièrement perplexe, il faut qu'il fronce les sourcils et qu'il ait l'air farouche, ou alors il est à peu près certain d'avoir l'air d'un imbécile.

« Dammit », observai-je – quoique cela sonnât tout à fait comme un juron, alors que rien n'était plus éloigné de ma pensée – « Dammit, soufflai-je, le monsieur dit *"hum !"*. »

Je n'ai pas la prétention de défendre ma remarque pour sa profondeur ; moi-même je ne la trouvais pas profonde ; mais j'ai remarqué que l'effet de nos discours n'est pas toujours proportionnel à l'importance qu'ils ont à nos propres yeux ; et si j'avais transpercé M. D. avec un obus de Paixhans[16], ou si je lui avais donné un coup sur la tête avec *Poètes et poésie d'Amérique*[17], il aurait difficilement pu être plus déconfit que lorsque je lui adressai ces simples mots – « Dammit, à quoi pensez-vous donc ? – N'entendez-vous pas ? – le monsieur dit *"hum !"*. »

"You don't say so?" gasped he at length, after turning more colors than a pirate runs up, one after the other, when chased by a man-of-war. "Are you quite sure he said *that*? Well, at all events I am in for it now, and may as well put a bold face upon the matter. Here goes, then – *ahem!*"

At this the little old gentleman seemed pleased – God only knows why. He left his station at the nook of the bridge, limped forward with a gracious air, took Dammit by the hand and shook it cordially, looking all the while straight up in his face with an air of the most unadulterated benignity which it is possible for the mind of man to imagine.

"I am quite sure you will win it, Dammit," said he, with the frankest of all smiles, "but we are obliged to have a trial you know, for the sake of mere form."

"Ahem!" replied my friend, taking off his coat with a deep sigh, tying a pocket-handkerchief around his waist, and producing an unaccountable alteration in his countenance by twisting up his eyes, and bringing down the corners of his mouth – "ahem!" and "ahem," said he again, after a pause; and not another word more than "ahem!" did I ever know him to say after that. "Aha!" thought I, without expressing myself aloud – "this is quite a remarkable silence on the part of Toby Dammit, and is no doubt a consequence of his verbosity upon a previous occasion.

« Pas possible ! » dit-il enfin dans un sursaut, après être passé par plus de couleurs que n'en arbore successivement un pirate lorsqu'il est pris en chasse par un vaisseau de guerre. « Êtes-vous bien sûr qu'il ait dit *cela* ? Eh bien, maintenant mon affaire est faite, et autant pour moi payer d'audace. Alors, allons-y – *hum !* »

À ces mots le vieux petit monsieur eut l'air ravi – Dieu seul sait pourquoi. Il quitta sa place du coin du pont, s'avança en claudiquant d'un air gracieux, saisit la main de Dammit et la secoua cordialement tout en le regardant bien en face avec un air de la plus pure bienveillance qu'il soit possible à un esprit humain d'imaginer.

« Je suis tout à fait certain que vous gagnerez, Dammit », dit-il avec le plus franc des sourires – « mais nous sommes obligés d'en passer par l'épreuve, savez-vous, par pure forme. »

« Hum ! » répliqua mon ami, en ôtant sa veste avec un profond soupir ; il noua un mouchoir autour de sa taille et, relevant les yeux et abaissant les coins de sa bouche, il produisit une inexplicable altération de sa physionomie – « hum ! » et « hum ! » dit-il encore, après une pause ; et par la suite, je ne crois pas qu'il ait prononcé d'autre mot que « hum ! ». « Ah, ah ! » pensai-je, sans m'exprimer à haute voix – « voilà un silence tout à fait remarquable de la part de Toby Dammit, et ce silence est sans doute la conséquence du verbiage affiché en une précédente occasion.

One extreme induces another. I wonder if he has forgotten the many unanswerable questions which he propounded to me so fluently on the day when I gave him my last lecture? At all events, he is cured of the transcendentals."

"Ahem!" here replied Toby, just as if he had been reading my thoughts, and looking like a very old sheep in a reverie.

The old gentleman now took him by the arm, and led him more into the shade of the bridge – a few paces back from the turnstile. "My good fellow," said he, "I make it a point of conscience to allow you this much run. Wait here, till I take my place by the stile, so that I may see whether you go over it handsomely, and transcendentally, and don't omit any flourishes of the pigeon-wing. A mere form, you know. I will say 'one, two, three, and away.' Mind you start at the word 'away.'" Here he took his position by the stile, paused a moment as if in profound reflection, then *looked up* and, I thought, smiled very slightly, then tightened the strings of his apron, then took a long look at Dammit, and finally gave the word as agreed upon –

ONE – TWO – THREE – AND – AWAY!

Punctually at the word "away," my poor friend set off in a strong gallop.

Un extrême induit l'autre. Je me demande s'il a oublié les nombreuses questions insolubles qu'il m'a si facilement posées le jour où je lui ai fait mon dernier sermon ? En tout cas, il est guéri du transcendantalisme. »

« Hum ! » répliqua alors Toby, exactement comme s'il avait lu mes pensées, et il eut l'air d'un très vieux mouton perdu dans une rêverie.

Le vieux monsieur le prit alors par le bras et le conduisit plus loin dans l'ombre du pont, à quelques pas du tourniquet. « Mon bon ami, dit-il, c'est pour moi une affaire de conscience que de vous accorder ce supplément d'élan. Attendez là jusqu'à ce que j'aie pris place auprès du tourniquet, je pourrai ainsi vérifier si vous le passez élégamment et transcendantalement, et si vous n'oubliez aucune des fioritures de l'aile de pigeon. Simple question de forme, vous savez. Je dirai "un, deux, trois, partez !". Faites attention de partir au mot "partez". » Cela dit, il prit position près du tourniquet, s'arrêta un moment comme s'il était plongé dans une profonde réflexion, puis il *regarda en l'air*, et, je crois, sourit très discrètement, puis il serra les cordons de son tablier, puis il eut un long regard vers Dammit, et enfin lança la formule convenue –

« UN – DEUX – TROIS – PARTEZ ! »

Ponctuellement, au mot « partez », mon pauvre ami se lança au grand galop.

The stile was not very high, like Mr. Lord's – nor yet very low, like that of Mr. Lord's reviewers, but upon the whole I made sure that he would clear it. And then what if he did not? – ah, that was the question – what if he did not? "What right," said I, "had the old gentleman to make any other gentleman jump? The little old dot-and-carry-one! who is *he?* If he asks *me* to jump, I won't do it, that's flat, and I don't care who *the devil he is.*" The bridge, as I say, was arched and covered in, in a very ridiculous manner, and there was a most uncomfortable echo about it at all times – an echo which I never before so particularly observed as when I uttered the four last words of my remark.

But what I said, or what I thought, or what I heard, occupied only an instant. In less than five seconds from his starting, my poor Toby had taken the leap. I saw him run nimbly, and spring grandly from the floor of the bridge, cutting the most awful flourishes with his legs as he went up. I saw him high in the air, pigeon-winging it to admiration just over the top of the stile; and of course I thought it an unusually singular thing that he did not *continue* to go over. But the whole leap was the affair of a moment, and, before I had a chance to make any profound reflections, downcame Mr. Dammit on the flat of his back, on the same side of the stile from which he had started.

Le style du tourniquet n'était ni très élevé, comme celui de M. Lord[18], ni très bas, comme celui des critiques de M. Lord – mais à tout prendre, je me persuadai qu'il le franchirait. Et puis, s'il ne le franchissait pas ? – ah, c'était toute la question – s'il ne le franchissait pas ? « Quel droit, dis-je, le vieux monsieur a-t-il de faire sauter un autre monsieur ? Ce petit vieux clopinant ! Qui est-*il* ? S'il me demande de sauter *à moi*, je ne le ferai pas, c'est sûr, et je ne me soucie pas de qui *diable il est.* » Le pont, comme je l'ai dit, était fermé et couvert d'une façon très ridicule, et il y avait là en permanence un écho fort désagréable – un écho que je n'ai jamais aussi précisément observé qu'au moment où je pro-nonçai les quatre derniers mots de ma remarque.

Mais ce que je dis, ce que je pensai ou ce que j'entendis ne prit qu'un instant. Moins de cinq secondes après son départ, mon pauvre Toby avait accompli son saut. Je le vis courir avec agi-lité, bondir splendidement du plancher du pont, effectuant les plus périlleuses fioritures avec ses jambes tandis qu'il s'élevait. Je le vis haut en l'air, faisant admirablement son aile de pigeon juste au-dessus du tourniquet ; et, bien sûr, je trouvai étran-gement bizarre qu'il ne *continuât* pas à le franchir. Mais le saut tout entier fut l'affaire d'un instant et avant que j'aie l'opportunité de faire la moindre réflexion approfondie, M. Dammit retombait à plat sur le dos, du côté même du tourniquet d'où il était parti.

At the same instant I saw the old gentleman limping off at the top of his speed, having caught and wrapped up in his apron something that fell heavily into it from the darkness of the arch just over the turnstile. At all this I was much astonished; but I had no leisure to think, for Mr. Dammit lay particularly still, and I concluded that his feelings had been hurt, and that he stood in need of my assistance. I hurried up to him and found that he had received what might be termed a serious injury. The truth is, he had been deprived of his head, which after a close search I could not find anywhere; – so I determined to take him home, and send for the homœopathists. In the meantime a thought struck me, and I threw open an adjacent window of the bridge; when the sad truth flashed upon me at once. About five feet just above the top of the turnstile, and crossing the arch of the foot-path so as to constitute a brace, there extended a flat iron bar, lying with its breadth horizontally, and forming one of a series that served to strengthen the structure throughout its extent. With the edge of this brace it appeared evident that the neck of my unfortunate friend had come precisely in contact.

He did not long survive his terrible loss. The homœopathists did not give him little enough physic, and what little they did give him he hesitated to take. So in the end he grew worse, and at length died,

Au même moment je vis le vieux monsieur s'enfuir en clopinant à toute vitesse, après avoir attrapé et enveloppé dans son tablier quelque chose qui venait d'y tomber lourdement du haut des ténèbres de la voûte surplombant le tourniquet. Tout cela m'étonna fort; mais je n'eus pas le loisir de penser, car M. Dammit gisait particulièrement immobile, et j'en conclus que ses sentiments avaient été blessés, et qu'il se trouvait avoir besoin de mon assistance. Je me précipitai vers lui et je découvris qu'il avait reçu ce qu'on pouvait appeler une sérieuse blessure. À la vérité, il avait été privé de sa tête que, malgré des recherches minutieuses, je ne pus trouver nulle part; aussi me décidai-je à le ramener chez lui et à faire appel aux homéopathes. Entre-temps une idée me frappa, et j'ouvris une fenêtre du pont, à proximité; alors la triste vérité m'illumina d'un coup. À cinq pieds juste au-dessus du sommet du tourniquet, traversant la voûte du passage afin d'en former une armature, s'étendait une tige plate de fer, posée avec son aplat horizontal, et qui faisait partie d'une série de barres qui servaient à renforcer la structure sur toute sa longueur. Il semblait évident que le cou de mon infortuné ami était précisément entré en contact avec le tranchant de cette armature.

Il ne survécut pas longtemps à sa terrible perte. Les homéopathes ne lui donnèrent pas assez peu de médicaments, et même le peu qu'ils lui donnèrent, il hésita à le prendre. Si bien qu'à la fin il empira et qu'à la longue il mourut,

a lesson to all riotous livers. I bedewed his grave with my tears, worked a *bar* sinister on his family escutcheon, and, for the general expenses of his funeral, sent in my very moderate bill to the transcendentalists. The scoundrels refused to pay it, so I had Mr. Dammit dug up at once, and sold him for dog's meat.

une leçon pour tous les turbulents viveurs. Je baignai sa tombe de mes larmes, gravai une *barre* à senestre[19] sur son blason de famille, et, pour les dépenses générales de ses funérailles, j'envoyai ma très modeste note aux transcendantalistes. Les canailles refusèrent de la payer, alors je fis aussitôt déterrer M. Dammit, et le vendis comme viande de chien.

Three Sundays
in a Week

La semaine
des trois dimanches

"You hard-hearted, dunder-headed, obstinate, rusty, crusty, musty, fusty, old savage!" said I, in fancy, one afternoon, to my grand-uncle Rumgudgeon – shaking my fist at him in imagination.

Only in imagination. The fact is, some trivial discrepancy *did* exist, just then, between what I said and what I had not the courage to say – between what I did and what I had half a mind to do.

The old porpoise, as I opened the drawing-room door, was sitting with his feet upon the mantelpiece, and a bumper of port in his paw, making strenuous efforts to accomplish the ditty.

Remplis ton verre vide!
Vide ton verre plein!

"My *dear* uncle," said I, closing the door gently, and approaching him with the blandest of smiles,

« Espèce de vieux sauvage, sans cœur, stupide, buté, grincheux, hargneux, quinteux, vieux jeu ! » dis-je en pensée, une après-midi, à mon grand-oncle Rhumagogo – et, en imagination, je lui montrai le poing.

Seulement en imagination. Le fait est qu'il y avait à ce moment-là une légère opposition entre ce que je disais et ce que je n'avais pas le courage de dire – entre ce que je faisais et ce que j'avais le désir de faire.

Lorsque j'ouvris la porte du salon, le vieux poussah était assis, les pieds contre la cheminée et, un plein verre de porto à la patte, il faisait d'énergiques efforts pour obéir à la chanson :

> *Remplis ton verre vide !*
> *Vide ton verre plein* ★ *!*

« Mon *cher* oncle », dis-je en refermant doucement la porte et en m'approchant de lui avec le plus mielleux des sourires,

"you are always so *very* kind and considerate, and have evinced your benevolence in so many – so *very* many ways – that – that I feel I have only to suggest this little point to you once more to make sure of your full acquiescence."

"Hem!" said he, "good boy! go on!"

"I am sure, my dearest uncle, (you confounded old rascal!) that you have no design really, seriously, to oppose my union with Kate. This is merely a joke of yours, I know – ha! ha! ha! – how *very* pleasant you are at times."

"Ha! ha! ha!" said he, "curse you! yes!"

"To be sure – of course! I *knew* you were jesting. Now, uncle, all that Kate and myself wish at present, is that you would oblige us with your advice as – as regards the *time* – *you* know, uncle – in short, when will it be most convenient for yourself, that the wedding shall – shall – come off, you know?"

"Come off, you scoundrel! – what do you mean by that? – Better wait till it goes on."

"Ha! ha! ha! – he! he! he! – hi! hi! hi! – ho! ho! ho! – hu! hu! hu! – oh, that's good! – oh, that's capital – *such* a wit! But all we want just *now*, you know, uncle, is that you would indicate the time precisely."

"Ah! – precisely?"

"Yes, uncle – that is, if it would be quite agreeable to yourself."

« vous êtes toujours *tellement* gentil et prévenant, et vous avez manifesté votre bienveillance de façon – de *tellement* de façons – que – que je pense qu'il me suffira de vous rappeler encore une fois cette petite question pour être sûr de votre total acquiescement. »

« Hum ! dit-il, bon garçon ! Vas-y ! »

« Je suis sûr, mon très cher oncle (satané vieux coquin !), que vous n'avez pas vraiment l'intention, sérieusement, de vous opposer à mon union avec Kate. Ce n'est qu'une de vos blagues, je le sais – ha ! ha ! ha ! – vous êtes *tellement* amusant parfois. »

« Ha ! ha ! ha ! dit-il, malédiction, oui ! »

« Ah ! Bénédiction[1] ! Je *savais* que vous plaisantiez. Eh bien, mon oncle, tout ce que Kate et moi-même désirons à présent, c'est que vous nous donniez votre avis au – au sujet de la *date* – *vous* savez, mon oncle – bref, quand cela vous conviendrait-il le mieux que le mariage se – se – se passe, vous comprenez ? »

« Se passe, coquin ! – que veux-tu dire par là ? Vaudrait mieux attendre d'abord qu'il se fasse[2]. »

« Ha ! ha ! ha ! – hé ! hé ! hé ! – hi ! hi ! hi ! – ho ! ho ! ho ! – hu ! hu ! hu ! – oh, que c'est bon ! – oh, que c'est admirable – *quel* esprit ! Mais tout ce que nous voulons, *pour l'instant*, vous savez, mon oncle, c'est que vous nous donniez une date précise. »

« Ah ! – précise ? »

« Oui, mon oncle – c'est-à-dire si cela vous convient tout à fait. »

"Would'nt it answer, Bobby, if I were to leave it at random – some time within a year or so, for example? – *must* I say precisely?"

"*If* you please, uncle – precisely."

"Well, then, Bobby, my boy – you're a fine fellow, are'nt you? – since you *will* have the exact time, I'll – why I'll oblige you for once."

"Dear uncle!"

"Hush, sir!" (drowning my voice) – I'll oblige you for once. You shall have my consent – and the *plum*, we mus'nt forget the plum – let me see! when shall it be? To-day's Sunday – is'nt it? Well, then, you shall be married precisely – *precisely*, now mind! – *when three Sundays come together in a week!* Do you hear me, sir! *What* are you gaping at? I say, you shall have Kate and her plum when three Sundays come together in a week – but not *till* then – you young scapegrace – not *till* then, if I die for it. You know me – *I'm a man of my word* – now be off!" Here he swallowed his bumper of port, while I rushed from the room in despair.

A very "fine old English gentleman," was my grand-uncle Rumgudgeon, but unlike him of the song, he had his weak points. He was a little, pursy, pompous, passionate, semicircular some-body, with a red nose,

« Est-ce que cela ne serait pas satisfaisant, Bobby, si je laissais cette date au hasard – n'importe quel moment d'ici un an à peu près, par exemple ? – *faut-il* la fixer précisément ? »

« *S'il* vous plaît, mon oncle – précisément. »

« Eh bien, alors, Bobby, mon garçon – tu es un bon gars, n'est-ce pas ? – alors tu *vas* avoir la date exacte, je vais – eh bien, je vais t'obliger pour une fois. »

« Cher oncle ! »

« Chut, monsieur ! » (il couvrit ma voix) – « je vais t'obliger pour une fois. Tu auras mon accord – et la *dot*, il ne faut pas oublier la dot – voyons ! quand donc ? Aujourd'hui c'est dimanche – n'est-ce pas ? Eh bien, alors, tu te marieras précisément – *précisément*, fais attention ! – *quand il y aura trois dimanches à la fois dans une même semaine*[3] ! M'entendez-vous, monsieur ! *Qu'est-ce* qui te fait ouvrir la bouche ainsi ? Je dis que tu auras Kate et sa dot quand il y aura trois dimanches à la fois dans une même semaine – mais pas *avant* – jeune garnement – pas *avant*, sur ma vie. Tu me connais – *je suis un homme de parole* – et maintenant, va-t'en ! » Cela dit, il avala son verre rempli à ras bord de porto tandis que je me précipitais hors de la pièce en plein désespoir.

C'était un très « distingué vieux gentleman anglais » que mon grand-oncle Rhumagogo, mais à la différence de celui de la chanson, il avait ses points faibles. C'était un personnage petit, gros, pompeux, emporté, semi-circulaire, avec un nez rouge,

a thick skull, a long purse, and a strong sense of his own consequence. With the best heart in the world, he contrived, through a predominant whim of *contradiction*, to earn for himself, among those who only knew him superficially, the character of a curmudgeon. Like many excellent people, he seemed possessed with a spirit of *tantalization*, which might easily, at a casual glance, have been mistaken for malevolence. To every request, a positive "No!" was his immediate answer; but in the end – in the long, long end – there were exceedingly few requests which he refused. Against all attacks upon his purse he made the most sturdy defence; but the amount extorted from him, at last was generally in direct ratio with the length of the siege and the stubbornness of the resistance. In charity no one gave more liberally or with a worse grace.

For the fine arts, and especially for the belles-lettres, he entertained a profound contempt. With this he had been inspired by Casimir Perier, whose pert little query "*A quoi un poete est il bon?*" he was in the habit of quoting, with a very droll pronunciation, as the *nec plus ultra* of logical wit. Thus my own inkling for the Muses had excited his entire displeasure. He assured me one day, when I asked him for a new copy of Horace, that the translation of "*Poeta nascitur non fit*" was "a nasty poet for nothing fit"

un crâne épais, une bourse bien garnie, et un sens
élevé de sa propre importance. C'était le meilleur
cœur qui fût au monde, mais il avait réussi, tant il
était dominé par l'esprit de *contradiction*, à se gagner
auprès de ceux qui ne le connaissaient que de façon
superficielle une réputation de grigou. Comme
beaucoup d'excellentes personnes, il semblait pos-
sédé par une manie de la *taquinerie* qui pouvait facilement, à première vue, être prise pour de la mal-
veillance. À toute demande, sa réponse immédiate
était un « Non ! » formel ; mais à la longue – très,
très à la longue – il y avait fort peu de demandes
qu'il refusât. En réponse à toutes les attaques contre
sa bourse, il opposait la plus vigoureuse défense :
mais le montant de ce qu'on finissait par lui extor-
quer était, en général, directement proportionnel à
la longueur du siège et à la ténacité de la résistance.
En matière de charité, personne ne donnait avec
plus de libéralité ni avec plus de mauvaise grâce.

Il éprouvait un profond mépris pour les beaux-
arts et surtout pour les belles-lettres. En cela, il
s'inspirait de Casimir Perier[4] dont il avait l'habitude de citer, avec une très drôle de prononcia-
tion, et comme le *nec plus ultra* de l'esprit logique,
l'outrecuidante petite question « *À quoi un poète
est-il bon*[*] *?* ». Ainsi ma propre inclination pour les
Muses avait-elle excité son mécontentement. Un
jour que je lui demandais un nouvel exemplaire
d'Horace, il m'affirma que le sens de « *Poeta nascitur non fit*[5] » était « Un vilain poète bon à rien »

– a remark which I took in high dudgeon. His repugnance to "the humanities" had, also, much increased of late, by an accidental bias in favor of what he supposed to be natural science. Somebody had accosted him in the street, mistaking him for no less a personage than Doctor Dubble L. Dee, the lecturer upon quack physics. This set him off at a tangent; and just at the epoch of this story – for story it is getting to be after all – my grand-uncle Rumgudgeon was accessible and pacific only upon points which happened to chime in with the caprioles of the hobby he was riding. For the rest, he laughed with his arms and legs, and his politics were stubborn and easily understood. He thought, with Horsley, that "the people have nothing to do with the laws but to obey them."

I had lived with the old gentleman all my life. My parents, in dying, had bequeathed me to him as a rich legacy. I believe the old villain loved me as his own child – nearly if not quite as well as he loved Kate – but it was a dog's existence that he led me, after all. From my first year until my fifth, he obliged me with very regular floggings. From five to fifteen, he threatened me, hourly, with the House of Correction. From fifteen to twenty, not a day passed in which he did not promise to cut me off with a shilling. I was a sad dog,

– une remarque que je pris très mal. Sa répugnance pour les « humanités » avait aussi beaucoup augmenté ces derniers temps, en raison de son penchant fortuit pour ce qu'il imaginait être les sciences naturelles. Quelqu'un l'avait abordé dans la rue, le prenant pour rien de moins que le docteur Diplomendroit[6], le chargé de cours de charlatanerie. Cela le fit changer brusquement d'idée ; et juste à l'époque de cette histoire – car, après tout, c'est en train de devenir une histoire – mon grand-oncle Rhumagogo n'était abordable et supportable qu'à propos de points qui se trouvaient en harmonie avec les cabrioles du dada qu'il enfourchait alors. De tout le reste, il riait de tout son corps, et ses idées politiques étaient bornées et faciles à comprendre. Il pensait, avec Horsley[7], que « le peuple n'a rien à voir avec les lois si ce n'est leur obéir ! ».

J'avais vécu toute ma vie avec le vieux monsieur. Mes parents, en mourant, m'avaient légué à lui comme un riche héritage. Je pense que le vieux coquin m'aimait comme son propre fils – presque autant sinon autant qu'il aimait Kate – mais après tout, c'était une vie de chien qu'il m'avait fait mener. De ma première à ma cinquième année, il m'avait gratifié de très régulières flagellations. De cinq à quinze ans, il m'avait menacé à chaque heure de la maison de correction. De quinze à vingt ans, il ne s'était pas passé un jour sans qu'il me promît de me déshériter. J'étais un triste sujet,

it is true – but then it was a part of my nature – a point of my faith. In Kate, however, I had a firm friend, and I knew it. She was a good girl, and told me very sweetly that I might have her (plum and all) whenever I could badger my grand-uncle Rumgudgeon, into the necessary consent. Poor girl! – she was barely fifteen, and without this consent, her little amount in the funds was not come-at-able until five immeasurable summers had "dragged their slow length along." What, then, to do? At fifteen, or even at twenty-one (for I had now passed my fifth olympiad) five years in prospect are very much the same as five hundred. In vain we besieged the old gentleman with importunities. Here was a *pièce de résistance* (as Messieurs Ude and Carême would say) which suited his perverse fancy to a T. It would have stirred the indignation of Job himself, to see how much like an old mouser he behaved to us two poor wretched little mice. In his heart he wished for nothing more ardently than our union. He had made up his mind to this all along. In fact, he would have given ten thousand pounds from his own pocket (Kate's plum was *her own*) if he could have invented anything like an excuse for complying with our very natural wishes. But then we had been so imprudent as to broach the subject *ourselves*. Not to oppose it under such circumstances, I sincerely believe was not in his power.

c'est vrai – mais c'était alors une part de ma nature –
un point de mon credo. En Kate, cependant, j'avais
une amie sûre, et je le savais. C'était une brave
fille, et elle me disait très gentiment que je pourrais l'avoir (dot et tout le reste) dès que j'aurais pu
arracher à mon grand-oncle Rhumagogo l'accord
nécessaire. Pauvre fille! – elle avait tout juste quinze
ans, et sans cet accord, son petit avoir en rentes
n'était pas accessible avant que cinq incommen-
surables étés aient « étiré leur lente longueur[8] ».
Que faire donc? À quinze ou même à vingt et un
ans (car j'avais maintenant passé ma cinquième
olympiade), cinq ans d'attente c'est vraiment l'équivalent de cinq cents. Nous assiégeâmes en vain le
vieux monsieur de nos sollicitations. Il y avait là une
pièce de résistance★ (comme auraient dit MM. Ude et
Carême[9]) qui s'accordait à merveille à son esprit de
contradiction. Cela aurait soulevé l'indignation
de Job lui-même que de le voir se conduire comme
un vieux chat avec nous deux, pauvres petites souris
malheureuses. Au fond de son cœur, il ne souhaitait
rien plus chaleureusement que notre union. Il s'y
était résolu depuis longtemps. Il aurait même donné
dix mille livres de sa propre poche (la dot de Kate
était bien *à elle*) s'il avait pu inventer quelque chose
comme une excuse pour satisfaire nos désirs bien
naturels. Mais voilà, nous avions été assez impru-
dents pour aborder le sujet *nous-mêmes*. Ne pas s'y
opposer dans de telles conditions, je crois sincèrement que c'était hors de son pouvoir.

I have said already that he had his weak points;
but, in speaking of these, I must not be understood as referring to his obstinacy: that was one
of his strong points – "*assurement ce n'etait pas sa
foible.*" When I mention his weakness I have allusion to a *bizarre* old-womanish superstition which
beset him. He was great in dreams, portents, *et id
genus omne* of rigmarole. He was excessively punc-
tilious, too, upon small points of honor, and, after
his own fashion, was a man of his word, beyond
doubt. This was, in fact, one of his hobbies. The
spirit of his vows he made no scruple of setting at
naught, but the *letter* was a bond inviolable. Now
it was this latter peculiarity in his disposition, of
which Kate's ingenuity enabled us one fine day,
not long after our interview in the dining-room,
to take a very unexpected advantage; and, having
thus, in the fashion of all modern bards and ora-
tors, exhausted in *prolegomena*, all the time at my
command, and nearly all the room at my disposal,
I will sum up in a few words what constitutes the
whole pith of the story.

It happened then – so the Fates ordered it – that
among the naval acquaintances of my betrothed,
were two gentlemen who had just set foot upon the
shores of England, after a year's absence, each, in
foreign travel. In company with these gentlemen,
my cousin and I, preconcertedly,

J'ai déjà dit qu'il avait ses points faibles ; mais lorsque je parle de ceux-ci, il ne faut pas croire que je fais allusion à son entêtement qui était l'un de ses points forts – « *assurément ce n'était pas son faible*★ ». Quand je mentionne sa faiblesse, je fais allusion à une *bizarre* superstition de bonne femme qui l'obsédait. Il était grand amateur de rêves, de présages, *et id genus omne*[10] de balivernes. Il était aussi excessivement pointilleux à propos de minuscules points d'honneur, et, à sa façon à lui, il était sans aucun doute homme de parole. C'était même une de ses manies. L'*esprit* de ses promesses, il n'avait aucun scrupule à le transgresser, mais la *lettre* était un engagement inviolable. Or c'est grâce à ce dernier trait de caractère que l'ingéniosité de Kate nous permit un beau jour, peu de temps après l'entrevue du salon, de prendre un avantage très inattendu ; et ayant ainsi, à la façon de tous les bardes et de tous les orateurs modernes, épuisé en *prolégomènes*, tout le temps qui m'était alloué, et presque toute la place mise à ma disposition, je vais résumer en quelques mots ce qui constitue tout le piquant de l'histoire.

Il arriva donc – ainsi l'ordonnèrent les Parques – que parmi les relations navales de ma fiancée se trouvaient deux messieurs qui venaient juste de mettre le pied sur les côtes d'Angleterre, l'un et l'autre après une année d'absence consacrée à voyager à l'étranger. En compagnie de ces messieurs, ma cousine et moi, après nous être concertés,

paid uncle Rumgudgeon a visit on the afternoon
of Sunday, October the tenth, – just three weeks
after the memorable decision which had so
cruelly defeated our hopes. For about half an hour
the conversation ran upon ordinary topics; but at
last, we contrived, quite naturally, to give it the
following turn:

Capt. Pratt. "Well I have been absent just one
year. Just one year to-day, as I live – let me see!
yes! – this is October the tenth. You remember,
Mr. Rumgudgeon, I called, this day year, to bid
you good-bye. And by the way, it *does* seem something like a coincidence, does it not – that our
friend, Captain Smitherton, here, has been absent
exactly a year also – a year to-day?"

Smitherton. "Yes! just one year to a fraction. You
will remember, Mr. Rumgudgeon, that I called
with Capt. Pratt on this very day, last year, to pay
my parting respects."

Uncle. "Yes, yes, yes – I remember it very well
– very queer indeed! Both of you gone just one
year. A very strange coincidence, indeed! Just
what Doctor Dubble L. Dee would denominate
an extraordinary concurrence of events. Doctor
Dub –"

Kate, (interrupting.) "To be sure, papa, it *is*
something strange; but then Captain Pratt and
Captain Smitherton didn't go altogether the same
route, and that makes a difference you know."

nous allâmes rendre visite à l'oncle Rhumagogo, l'après-midi du dimanche dix octobre – juste trois semaines après la mémorable décision qui avait si cruellement contrecarré nos espoirs. Pendant une demi-heure environ, la conversation roula sur des sujets ordinaires ; mais ensuite, nous réussîmes tout à fait naturellement à lui donner le tour suivant :

Capitaine Pratt : « Eh bien, je suis resté absent juste un an. Juste un an aujourd'hui, ma foi – voyons ! oui ! – nous sommes le dix octobre. Vous vous souvenez, monsieur Rhumagogo, je suis venu, il y a aujourd'hui un an, vous dire au revoir. Et, à propos, ça m'a *tout l'air* de quelque chose comme une coïncidence, n'est-ce pas – mais notre ami le capitaine Smitherton, ici présent, a été absent lui aussi exactement un an – un an aujourd'hui. »

Smitherton : « Oui ! juste un an, à un poil près. Vous vous souvenez, monsieur Rhumagogo, je vous ai rendu visite avec le capitaine Pratt ce même jour, l'an dernier, pour vous faire mes adieux. »

L'oncle : « Oui, oui, oui – je m'en souviens très bien – très étrange, vraiment ! Vous êtes partis l'un et l'autre juste une année. Une très étrange coïncidence, vraiment ! Exactement ce que le docteur Diplomendroit appellerait un extraordinaire concours de circonstances. Le docteur Dipl – »

Kate (l'interrompant) : « Certainement, papa, *c'est* quelque chose d'étrange ; seulement le capitaine Pratt et le capitaine Smitherton n'ont pas pris le même chemin, et cela fait toute la différence, tu sais. »

Uncle. "I don't know any such thing, you huzzy! How should I? I think it only makes the matter more remarkable. Doctor Dubble L. Dee" –

Kate. "Why, papa, Captain Pratt went round Cape Horn, and Captain Smitherton doubled the Cape of Good Hope."

Uncle. "Precisely! – the one went east and the other went west, you jade, and they both have gone quite round the world. By the by, Doctor Dubble L. Dee" –

Myself, (*hurriedly.*) "Captain Pratt, you must come and spend the evening with us to-morrow – you and Smitherton – you can tell us all about your voyage, and we'll have a game of whist and" –

Pratt. "Whist, my dear fellow – you forget. To-morrow will be Sunday. Some other evening" –

Kate. "Oh, no, fie! – Robert's not *quite* so bad as that. *To-day's* Sunday."

Uncle. "To be sure – to be sure!"

Pratt. "I beg both your pardons – but I can't be so much mistaken. I know to-morrow's Sunday, because" –

Smitherton, (*much surprised.*) "What *are* you all thinking about? Was'nt *yesterday*, Sunday, I should like to know?"

All. "Yesterday, indeed! you *are* out!"

Uncle. "To-day's Sunday, I say – don't *I* know?"

L'oncle : « Non, je n'en sais rien, petite péronnelle ! Comment le saurais-je ? Je pense que cela n'en rend la chose que plus remarquable. Le docteur Diplo – »

Kate : « Eh bien, papa, le capitaine Pratt a fait le tour par le cap Horn et le capitaine Smitherton a doublé le cap de Bonne-Espérance. »

L'oncle : « Précisément ! – l'un est allé par l'est et l'autre est allé par l'ouest, espèce de coquine, et ils ont tous les deux fait le tour du monde. À propos, le docteur Diplomendroit – »

Moi (avec précipitation) : « Capitaine Pratt, il faut que vous veniez passer la soirée avec nous demain – vous et Smitherton – vous pourrez nous raconter votre voyage, et on jouera au whist, et – »

Pratt : « Le whist, mon cher ami – mais vous oubliez. Demain c'est dimanche. Un autre soir – »

Kate : « Oh, non, fi ! – Robert n'est quand même pas *tout à fait* aussi bête que ça. *C'est aujourd'hui* dimanche. »

L'oncle : « Bien sûr – bien sûr ! »

Pratt : « Je vous demande pardon à tous les deux – mais je ne pourrais commettre une telle erreur. Je sais que demain c'est dimanche parce que – »

Smitherton (très surpris) : « Mais où *avez*-vous donc tous la tête ? N'était-ce pas *hier* dimanche, j'aimerais bien le savoir ? »

Tous : « Hier, vraiment ! vous vous *trompez* ! »

L'oncle : « Aujourd'hui c'est dimanche, moi je le dis – croyez-vous que *moi* je ne le sache pas ? »

Pratt. "Oh no! – to-morrow's Sunday."

Smitherton. "You are *all* mad – every one of you. I am as positive that yesterday was Sunday, as I am that I sit upon this chair."

Kate, (*jumping up eagerly.*) "I see it – I see it all. Papa, this is a judgment upon you, about – about you know what. Let me alone, and I'll explain it all in a minute. It's a very simple thing, indeed. Captain Smitherton says that yesterday was Sunday: so it was; he is right. Cousin Bobby, and uncle and I, say that to-day is Sunday: so it is; we are right. Captain Pratt maintains that to-morrow will be Sunday: so it will; he is right, too. The fact is, we are all right, and thus *three Sundays have come together in a week.*"

Smitherton, (*after a pause.*) "By the by, Pratt, Kate has us completely. What fools we two are! Mr. Rumgudgeon, the matter stands thus: the earth, you know, is twenty-four thousand miles in circumference. Now this globe of the earth turns upon its own axis – revolves – spins round – these twenty-four thousand miles of extent, going from west to east, in precisely twenty-four hours. Do you understand, Mr. Rumgudgeon?"

Uncle. "To be sure – to be sure – Doctor Dub" –

Smitherton, (*drowning his voice.*) "Well, sir; that is at the rate of one thousand miles per hour.

Pratt : « Oh, non ! – c'est demain dimanche. »

Smitherton : « Vous êtes *tous* fous – tous autant que vous êtes. Je suis sûr que c'était hier dimanche, aussi sûr que je suis assis sur cette chaise. »

Kate (se levant brusquement) : « Je comprends – je comprends tout. Papa, c'est un jugement du Ciel sur toi[11] à propos – à propos de tu sais quoi. Laisse-moi parler et je t'aurai tout expliqué en une minute. C'est quelque chose de vraiment très simple. Le capitaine Smitherton dit qu'hier c'était dimanche : ça l'était ; il a raison. Le cousin Bobby, son oncle et moi, nous disons que c'est aujourd'hui dimanche : ça l'est ; nous avons raison. Le capitaine Pratt maintient que demain ce sera dimanche : ça le sera ; il a raison lui aussi. Le fait est que nous avons tous raison ; et qu'ainsi *trois dimanches ont été réunis dans une même semaine.* »

Smitherton (après une pause) : « Bien sûr, Pratt, Kate nous a pris de vitesse. Quels sots nous sommes tous les deux ! Monsieur Rhumagogo, voici comment se présente l'affaire : la terre, vous le savez, a une circonférence de vingt-quatre mille milles. Or ce globe terrestre tourne sur son axe – fait une révolution – pivote – sur cette longueur de vingt-quatre mille milles, en allant d'ouest en est, précisément en vingt-quatre heures. Vous comprenez, monsieur Rhumagogo ? »

L'oncle : « Bien sûr – bien sûr – le docteur Dipl – »

Smitherton (couvrant sa voix) : « Eh bien, monsieur, cela représente une vitesse de mille milles par heure.

Now, suppose that I sail from this position a thousand miles east. Of course, I anticipate the rising
of the sun here at London, by just one hour. I see
the sun rise one hour before you do. Proceeding,
in the same direction, yet another thousand miles,
I anticipate the rising by two hours – another thousand, and I anticipate it by three hours, and so
on, until I go entirely round the globe, and back
to this spot, when, having gone twenty-four
thousand miles east, I anticipate the rising of the
London sun by no less than twenty-four hours;
that is to say, I am a day *in advance* of your time.
Understand, eh?"

Uncle. "But Dubble L. Dee" –

Smitherton, (speaking very loud.) "Captain Pratt,
on the contrary, when he had sailed a thousand
miles west of this position, was an hour, and when
he had sailed twenty-four thousand miles west,
was twenty-four hours, or one day, *behind* the time
at London. Thus, with me, yesterday was Sunday –
thus, with you, to-day is Sunday – and thus, with
Pratt, to-morrow will be Sunday. And what is
more, Mr. Rumgudgeon, it is positively clear that
we are *all right*; for there can be no philosophical
reason assigned why the idea of one of us should
have preference over that of the other."

Supposons donc que je navigue durant un millier de milles vers l'est à partir de ce point. Bien
entendu, j'avance d'exactement une heure sur le
lever du soleil tel qu'on le voit ici à Londres. Je vois
le soleil se lever une heure avant vous. En avan-
çant dans la même direction d'un autre millier
de milles, j'avance de deux heures sur le lever du
soleil – un autre millier et j'avance de trois heures,
et ainsi de suite jusqu'à ce que j'aie entièrement
parcouru le globe, et que je sois revenu à ce point ;
ayant alors parcouru vingt-quatre mille milles vers
l'est, j'avance sur le lever du soleil de Londres de
pas moins de vingt-quatre heures ; c'est-à-dire que
j'ai un jour *d'avance* sur votre calendrier. Vous
comprenez, hein ? »

L'oncle : « Mais Diplomendroit – »

Smitherton (parlant très fort) : « Le capitaine
Pratt, au contraire, lorsqu'il a navigué un millier
de milles vers l'ouest de cette position, a retardé
d'une heure, et lorsqu'il a navigué vingt-quatre
mille milles vers l'ouest, il a *retardé* de vingt-
quatre heures ou d'un jour sur le calendrier de
Londres. Ainsi, pour moi, c'était hier dimanche
– pour vous, c'est aujourd'hui dimanche – et
pour Pratt, c'est demain dimanche. Et, qui plus
est, monsieur Rhumagogo, il est parfaitement
évident que nous avons *tous raison* ; car il ne saurait y avoir la moindre raison philosophique pour
que l'opinion de l'un soit préférée à celle des
autres. »

Uncle. "My eyes! – well, Kate – well, Bobby! – this *is* a judgment upon me, as you say. But I am a man of my word – *mark that!* you shall have her, boy (plum and all,) when you please. Done up, by Jove! Three Sundays all in a row! I'll go, and take Dubble L. Dee's opinion upon *that*."

L'oncle : « Ça alors ! – eh bien, Kate – eh bien, Bobby ! – *c'est* un jugement sur moi, comme vous dites. Mais je suis un homme de parole – *notez-le !* tu l'auras, mon garçon (la dot et le reste), quand tu voudras. Je n'en peux plus, par Jupiter ! Trois dimanches d'affilée ! Je vais aller demander à Diplomendroit son avis *là-dessus.* »

The Premature Burial

L'enterrement prématuré

There are certain themes of which the interest is all-absorbing, but which are too entirely horrible for the purposes of legitimate fiction. These the mere romanticist must eschew, if he do not wish to offend, or to disgust. They are with propriety handled, only when the severity and majesty of truth sanctify and sustain them. We thrill, for example, with the most intense of "pleasurable pain," over the accounts of the Passage of the Beresina, of the Earthquake at Lisbon, of the Plague at London, of the Massacre of St. Bartholomew, or of the stifling of the hundred and twenty-three prisoners in the Black Hole at Calcutta. But, in these accounts, it is the fact – it is the reality – it is the history which excites. As inventions, we should regard them with simple abhorrence.

I have mentioned some few of the more prominent and august calamities on record; but, in these, it is the extent, not less than the character of the calamity, which so vividly impresses the fancy.

Il y a certains thèmes dont l'intérêt est captivant, mais qui sont trop entièrement horribles pour les besoins de la fiction normale. Le simple romancier doit les éviter, s'il ne veut ni choquer ni dégoûter. Ils ne sont correctement traités que lorsque la sévérité et la majesté de la vérité les consacrent et les soutiennent. Par exemple, nous tremblons de la plus intense des « douleurs voluptueuses » aux récits du passage de la Bérésina, du tremblement de terre de Lisbonne, de la peste de Londres, du massacre de la Saint-Barthélemy, ou de l'asphyxie des cent vingt-trois prisonniers du Trou noir de Calcutta[1]. Mais dans ces récits, c'est le fait – c'est la réalité – c'est l'histoire qui émeuvent. En tant qu'inventions, nous les envisagerions tout simplement avec horreur.

J'ai mentionné quelques-unes des calamités les plus saillantes et les plus imposantes qui aient été enregistrées ; mais en elles, ce n'est pas moins l'ampleur que le caractère de la calamité qui impressionne si vivement l'imagination.

I need not remind the reader that, from the long and weird catalogue of human miseries, I might have selected many individual instances more replete with essential suffering than any of these vast generalities of disaster. The true wretchedness, indeed – the ultimate wo – is particular, not diffuse. That the ghastly extremes of agony are endured by man the unit, and never by man the mass – for this let us thank a merciful God!

To be buried while alive is, beyond question, the most terrific of these extremes which has ever fallen to the lot of mere mortality. That it has frequently, very frequently, so fallen will scarcely be denied by those who think. The boundaries which divide Life from Death, are at best shadowy and vague. Who shall say where the one ends, and where the other begins? We know that there are diseases in which occur total cessations of all the apparent functions of vitality, and yet in which these cessations are merely suspensions, properly so called. They are only temporary pauses in the incomprehensible mechanism. A certain period elapses, and some unseen mysterious principle again sets in motion the magic pinions and the wizard wheels. The silver cord was not for ever loosed, nor the golden bowl irreparably broken. But where, meantime, was the soul?

Je n'ai pas besoin de rappeler au lecteur que, du long et sinistre catalogue des misères humaines, j'aurais pu extraire beaucoup d'exemples individuels bien plus empreints de souffrance essentielle qu'aucune de ces vastes accumulations de désastres. En fait, la vraie misère – la détresse absolue – est particulière et non générale. Que les horribles extrêmes de l'angoisse soient subis par l'homme en tant qu'unité, et jamais par l'homme en tant que masse – remercions-en un Dieu miséricordieux !

Être enterré vivant est sans contredit le plus terrifiant de ces extrêmes qui soient jamais échus à de simples mortels. Que ce soit arrivé fréquemment, très fréquemment, ceux qui réfléchissent pourront difficilement le nier. Les frontières qui séparent la Vie de la Mort sont pour le moins ténébreuses et vagues. Qui peut dire où finit l'une et où l'autre commence ? Nous savons qu'il y a des maladies dans lesquelles se produisent des arrêts totaux de toutes les fonctions vitales apparentes, et dans lesquelles, pourtant, ces arrêts ne sont que des suspensions proprement dites. Ce ne sont que des pauses temporaires dans l'incompréhensible mécanisme. Un certain temps s'écoule, et quelque mystérieux principe invisible met à nouveau en mouvement les pignons magiques et les roues ensorcelées. Le fil d'argent n'était pas à tout jamais détaché ni la coupe d'or irréparablement brisée[2]. Mais où donc, pendant ce temps, se trouvait l'âme ?

Apart, however, from the inevitable conclusion, *a priori*, that such causes must produce such effects – that the well known occurrence of such cases of suspended animation must naturally give rise, now and then, to premature interments – apart from this consideration, we have the direct testimony of medical and ordinary experience, to prove that a vast number of such interments have actually taken place. I might refer at once, if necessary, to a hundred well authenticated instances. One of very remarkable character, and of which the circumstances may be fresh in the memory of some of my readers, occurred, not very long ago, in the neighboring city of Baltimore, where it occasioned a painful, intense, and widely extended excitement. The wife of one of the most respectable citizens – a lawyer of eminence and a member of Congress – was seized with a sudden and unaccountable illness, which completely baffled the skill of her physicians. After much suffering, she died, or was supposed to die. No one suspected, indeed, or had reason to suspect, that she was not actually dead. She presented all the ordinary appearances of death. The face assumed the usual pinched and sunken outline. The lips were of the usual marble pallor. The eyes were lustreless. There was no warmth. Pulsation had ceased. For three days the body was preserved unburied, during which it had acquired a stony rigidity.

Cependant, outre l'inévitable conclusion *a priori* que de telles causes doivent produire de tels effets – que les occurrences bien connues de tels cas de vie suspendue peuvent naturellement donner naissance, de temps en temps, à des enterrements prématurés – outre cette considération, nous avons le témoignage direct de l'expérience médicale et courante pour prouver qu'un grand nombre d'enterrements de ce genre ont réellement eu lieu. Je pourrais citer immédiatement, si nécessaire, une centaine d'exemples bien authentifiés. L'un d'eux, de caractère fort remarquable, et dont les circonstances doivent être encore vives dans la mémoire de certains de mes lecteurs, se produisit, il n'y a pas longtemps, dans la ville voisine de Baltimore, où il souleva une émotion pénible, intense et prolongée. La femme d'un des citoyens les plus respectables – avocat éminent et membre du Congrès – fut prise d'une soudaine et inexplicable maladie qui dérouta complètement la compétence de ses médecins. Après de grandes souffrances, elle mourut, ou fut censée mourir. Personne ne soupçonna, ou n'eut de raison de soupçonner, qu'elle n'était pas vraiment morte. Elle présentait toutes les apparences ordinaires de la mort. Le visage avait pris les habituels traits tirés et creusés. Les lèvres avaient l'habituelle pâleur de marbre. Les yeux étaient ternes. Il n'y avait plus aucune chaleur. Le pouls avait cessé. Pendant trois jours, on conserva le corps sans l'ensevelir, et pendant ce temps il avait pris une rigidité de pierre.

The funeral, in short, was hastened, on account of the rapid advance of what was supposed to be decomposition.

The lady was deposited in her family vault, which, for three subsequent years, was undisturbed. At the expiration of this term, it was opened for the reception of a sarcophagus; – but, alas! how fearful a shock awaited the husband, who, personally, threw open the door. As its portals swung outwardly back, some white-apparelled object fell rattling within his arms. It was the skeleton of his wife in her yet unmoulded shroud.

A careful investigation rendered it evident that she had revived within two days after her entombment – that her struggles within the coffin had caused it to fall from a ledge, or shelf, to the floor, where it was so broken as to permit her escape. A lamp which had been accidentally left, full of oil, within the tomb, was found empty; it might have been exhausted, however, by evaporation. On the uppermost of the steps which led down into the dread chamber, was a large fragment of the coffin, with which, it seemed, that she had endeavored to arrest attention, by striking the iron door. While thus occupied, she probably swooned, or possibly died, through sheer terror; and, in falling, her shroud became entangled in some iron-work which projected interiorly. Thus she remained, and thus she rotted, erect.

Bref, on hâta les funérailles en raison de la rapide progression de ce qu'on supposait être la décomposition.

La dame fut déposée dans son caveau de famille qui, au cours des trois années suivantes, ne fut pas dérangé. À l'expiration de ce terme, on dut l'ouvrir pour y placer un sarcophage – mais hélas! quel choc horrible attendait le mari qui ouvrit lui-même la porte! Comme les vantaux s'écartaient vers l'extérieur, un objet enveloppé de blanc tomba en cliquetant dans ses bras. C'était le squelette de sa femme, dans son linceul non encore décomposé.

Une enquête minutieuse mit en évidence qu'elle était revenue à la vie dans les deux jours qui avaient suivi sa mise au tombeau; que ses efforts à l'intérieur du cercueil avaient fait tomber celui-ci d'une corniche, ou d'un rebord, sur le sol où il se brisa de façon telle que cela lui permit de s'en échapper. Une lampe que par hasard on avait laissée pleine d'huile à l'intérieur du tombeau fut retrouvée vide; elle avait cependant pu se tarir par évaporation. Sur la plus élevée des marches qui descendaient à l'horrible chambre, il y avait un grand morceau du cercueil avec lequel, semblait-il, elle avait essayé d'attirer l'attention en frappant sur la porte de fer. Au moment où elle était ainsi occupée, elle avait probablement eu une syncope, ou bien peut-être était-elle morte de pure terreur; et en tombant, son linceul s'accrocha à quelque ferrure qui dépassait à l'intérieur. C'est ainsi qu'elle resta, et ainsi qu'elle se putréfia, debout.

In the year 1810, a case of living inhumation happened in France, attended with circumstances which go far to warrant the assertion that truth is, indeed, stranger than fiction. The heroine of the story was a Mademoiselle Victorine Lafourcade, a young girl of illustrious family, of wealth, and of great personal beauty. Among her numerous suitors was Julien Bossuet, a poor *litterateur*, or journalist, of Paris. His talents and general amiability had recommended him to the notice of the heiress, by whom he seems to have been truly beloved; but her pride of birth decided her, finally, to reject him, and to wed a Monsieur Renelle, a banker, and a diplomatist of some eminence. After marriage, however, this gentleman neglected, and, perhaps, even more positively ill-treated her. Having passed with him some wretched years, she died, – at least her condition so closely resembled death as to deceive every one who saw her. She was buried – not in a vault – but in an ordinary grave in the village of her nativity. Filled with despair, and still inflamed by the memory of a profound attachment, the lover journeys from the capital to the remote province in which the village lies, with the romantic purpose of disinterring the corpse, and possessing himself of its luxuriant tresses. He reaches the grave. At midnight he unearths the coffin, opens it, and is in the act of detaching the hair, when he is arrested by the unclosing of the beloved eyes.

En l'année 1810, un cas d'inhumation vivante se produisit en France, dans des circonstances qui justifient pleinement l'affirmation selon laquelle la vérité est vraiment plus étrange que la fiction. L'héroïne de l'histoire était une certaine Mlle Victorine Lafourcade[3], jeune fille d'illustre famille, riche et d'une grande beauté. Parmi ses nombreux soupirants, il y avait Julien Bossuet, un pauvre *littérateur*★ ou journaliste de Paris. Ses talents et sa gentillesse courante avaient attiré l'attention de l'héritière dont il semble qu'il était vraiment aimé ; mais son orgueil de caste la détermina en fin de compte à le repousser et à épouser un M. Rénelle, banquier et diplomate de quelque réputation. Après le mariage, cependant, ce monsieur la négligea, et peut-être même la maltraita vraiment. Après avoir passé quelques années malheureuses avec lui, elle mourut – du moins son état ressemblait si étroitement à la mort qu'il trompa tous ceux qui la virent. Elle fut enterrée – non pas dans un caveau, mais dans une tombe ordinaire de son village natal. Empli de désespoir, et encore enflammé par la mémoire de son profond attachement, l'amoureux fait le voyage depuis la capitale jusqu'à la province reculée où se trouve le village, dans l'intention romantique de déterrer le corps et de s'emparer de ses tresses luxuriantes. Il trouve la tombe. En pleine nuit, il déterre le cercueil, l'ouvre, et il est déjà en train de couper la chevelure lorsqu'il est arrêté par les yeux adorés qui s'ouvrent.

In fact, the lady had been buried alive. Vitality had
not altogether departed; and she was aroused, by
the caresses of her lover, from the lethargy which
had been mistaken for death. He bore her franti-
cally to his lodgings in the village. He employed
certain powerful restoratives suggested by no little
medical learning. In fine, she revived. She recognized her preserver. She remained with him until,
by slow degrees, she fully recovered her original
health. Her woman's heart was not adamant, and
this last lesson of love sufficed to soften it. She
bestowed it upon Bossuet. She returned no more
to her husband, but concealing from him her res-
urrection, fled with her lover to America. Twenty
years afterwards, the two returned to France, in
the persuasion that time had so greatly altered
the lady's appearance, that her friends would be
unable to recognise her. They were mistaken,
however; for, at the first meeting, Monsieur
Renelle did actually recognise and make claim to
his wife. This claim she resisted; and a judicial tribunal sustained her in her resistance; deciding that
the peculiar circumstances, with the long lapse of
years, had extinguished, not only equitably, but
legally, the authority of the husband.

The "Chirurgical Journal," of Leipsic – a perio-
dical, of high authority and merit, which some
American bookseller would do well to translate
and republish – records, in a late number, a very
distressing event of the character in question.

En fait la dame avait été enterrée vivante. Sa vitalité ne l'avait pas complètement abandonnée et elle avait été tirée par les caresses de son amoureux de la léthargie qu'on avait prise pour la mort. Il la porta follement jusqu'à son logement au village. Il employa certains toniques puissants que lui suggéra sa science médicale assez développée. Enfin elle revécut. Elle reconnut son sauveur. Elle resta avec lui jusqu'à ce que, par degrés progressifs, elle eût pleinement recouvré sa santé d'origine. Son cœur de femme n'était pas insensible, et cette dernière preuve d'amour suffit à l'attendrir. Elle l'accorda à Bossuet. Elle ne revint pas vers son mari, mais, lui cachant sa résurrection, s'enfuit en Amérique avec son amant. Vingt ans après, ils revinrent en France tous les deux, persuadés que le temps avait si grandement changé l'apparence de la dame que ses amis ne pourraient la reconnaître. Ils se trompaient cependant car, à la première rencontre, M. Rénelle reconnut bel et bien sa femme et la réclama. Elle s'opposa à cette demande, et le tribunal lui donna raison pour sa résistance, décidant que les circonstances particulières, ainsi que les nombreuses années écoulées, avaient éteint non seulement en toute équité, mais aussi légalement, l'autorité du mari.

Le *Journal de chirurgie* de Leipzig, périodique d'une grande autorité et d'un grand mérite, que des libraires américains feraient bien de traduire et d'éditer, rapporte dans un numéro récent un cas fort désolant de ce genre.

An officer of artillery, a man of gigantic stature and of robust health, being thrown from an unmanageable horse, received a very severe contusion upon the head, which rendered him insensible at once; the skull was slightly fractured; but no immediate danger was apprehended. Trepanning was accomplished successfully. He was bled, and many other of the ordinary means of relief were adopted. Gradually, however, he fell into a more and more hopeless state of stupor; and, finally, it was thought that he died.

The weather was warm; and he was buried, with indecent haste, in one of the public cemeteries. His funeral took place on Thursday. On the Sunday following, the grounds of the cemetery were, as usual, much thronged with visiters; and, about noon, an intense excitement was created by the declaration of a peasant, that, while sitting upon the grave of the officer, he had distinctly felt a commotion of the earth, as if occasioned by some one struggling beneath. At first little attention was paid to the man's asseveration; but his evident terror, and the dogged obstinacy with which he persisted in his story, had at length their natural effect upon the crowd. Spades were hurriedly procured, and the grave, which was shamefully shallow, was, in a few minutes, so far thrown open that the head of its occupant appeared. He was then, seemingly, dead;

Un officier d'artillerie, homme de stature gigantesque et de santé robuste, jeté à bas d'un cheval rétif, reçut à la tête une très sévère contusion qui lui fit immédiatement perdre conscience; le crâne avait une légère fracture, mais on ne craignait aucun danger immédiat. Une trépanation fut pratiquée avec succès. Il fut saigné, et bien d'autres moyens thérapeutiques habituels furent appliqués. Pourtant il tomba graduellement dans un état de stupeur de plus en plus désespéré, et, finalement, on le crut mort.

Le temps était chaud et il fut enterré avec une hâte excessive dans l'un des cimetières publics. Ses obsèques eurent lieu le jeudi. Le dimanche suivant, les terrains du cimetière furent comme d'habitude envahis par les visiteurs et, vers midi, une intense agitation fut provoquée par la déclaration d'un paysan selon laquelle, alors qu'il était assis sur la tombe de l'officier, il avait distinctement senti une secousse dans la terre, comme si quelqu'un se débattait au-dessous. Au début on ne prêta que peu d'attention aux affirmations de l'homme; mais son évidente terreur, et l'obstination tenace avec laquelle il persévéra dans son récit, finirent par produire leur effet naturel sur la foule. On se procura des pelles en hâte, et la tombe, qui était scandaleusement peu profonde, fut en quelques minutes assez ouverte pour que la tête de son occupant apparût. Il semblait alors mort;

but he sat nearly erect within his coffin, the lid of which, in his furious struggles, he had partially uplifted.

He was forthwith conveyed to the nearest hospital, and there pronounced to be still living, although in an asphytic condition. After some hours he revived, recognised individuals of his acquaintance, and, in broken sentences, spoke of his agonies in the grave.

From what he related, it was clear that he must have been conscious of life for more than an hour, while inhumed, before lapsing into insensibility. The grave was carelessly and loosely filled with an exceedingly porous soil; and thus some air was necessarily admitted. He heard the footsteps of the crowd overhead, and endeavored to make himself heard in turn. It was the tumult within the grounds of the cemetery, he said, which appeared to awaken him from a deep sleep – but no sooner was he awake than he became fully aware of the awful horrors of his position.

This patient, it is recorded, was doing well, and seemed to be in a fair way of ultimate recovery, but fell a victim to the quackeries of medical experiment. The galvanic battery was applied; and he suddenly expired in one of those ecstatic paroxysms which, occasionally, it superinduces.

mais il était assis presque droit dans son cercueil, dont il avait soulevé le couvercle dans ses soubre-sauts acharnés.

Il fut aussitôt emporté jusqu'au plus proche hôpital, et là on reconnut qu'il vivait encore, bien qu'il fût en état d'asphyxie. Après quelques heures il reprit vie, reconnut des personnes de connaissance, et, en phrases hachées, parla de ses angoisses dans la tombe.

D'après ce qu'il raconta, il était clair qu'il avait dû rester conscient de son existence pen-dant plus d'une heure, une fois inhumé, avant de sombrer dans l'insensibilité. La tombe avait été remplie négligemment et mollement d'une terre extrêmement poreuse ; et donc de l'air avait for-cément filtré. Il avait entendu les pas de la foule au-dessus de lui, et il avait à son tour tenté de se faire entendre. C'est le tumulte du cimetière, dit-il, qui semblait l'avoir éveillé d'un profond sommeil, mais à peine fut-il éveillé qu'il se rendit pleinement compte de l'horreur affreuse de sa situation.

Ce patient, rapporte-t-on, allait de mieux en mieux, et semblait en bonne voie de recouvrer toute sa santé, lorsqu'il tomba victime du char-latanisme d'une expérience médicale. On lui appliqua une batterie galvanique et il expira sou-dainement dans un de ces paroxysmes extatiques que cela déclenche parfois.

The mention of the galvanic battery, nevertheless, recalls to my memory a well known and very extraordinary case in point, where its action proved the means of restoring to animation a young attorney of London, who had been interred for two days. This occurred in 1831, and created, at the time, a very profound sensation wherever it was made the subject of converse.

The patient, Mr. Edward Stapleton, had died, apparently, of typhus fever, accompanied with some anomalous symptoms which had excited the curiosity of his medical attendants. Upon his seeming decease, his friends were requested to sanction a *post mortem* examination, but declined to permit it. As often happens, when such refusals are made, the practitioners resolved to disinter the body and dissect it at leisure, in private. Arrangements were easily effected with some of the numerous corps of body-snatchers with which London abounds; and, upon the third night after the funeral, the supposed corpse was unearthed from a grave eight feet deep, and deposited in the operating chamber of one of the private hospitals.

An incision of some extent had been actually made in the abdomen, when the fresh and undecayed appearance of the subject suggested an application of the battery. One experiment succeeded another, and the customary effects supervened, with nothing to characterize them in any respect, except, upon one or two occasions, a more than ordinary degree of life-likeness in the convulsive action.

Cette mention de la batterie galvanique, cependant, me remet en mémoire un cas analogue bien connu et très extraordinaire, où son action permit de rappeler à la vie un jeune avocat de Londres qui avait été enterré depuis deux jours. Cette affaire se passa en 1831 et elle produisit à l'époque une émotion très profonde partout où elle devenait sujet de conversation.

Le malade, M. Edward Stapleton, était mort, apparemment, de fièvre typhoïde accompagnée de symptômes anormaux qui avaient excité la curiosité de ses médecins. Après ce qui semblait sa mort, on demanda à ses amis d'autoriser une autopsie, mais ceux-ci refusèrent. Comme il arrive souvent lorsque de tels refus se produisent, les praticiens décidèrent de déterrer le corps et de le disséquer à loisir, en privé. Des arrangements furent aisément pris avec l'une de ces nombreuses bandes de déterreurs de cadavres dont Londres abonde ; et, la troisième nuit après les funérailles, le supposé mort fut déterré d'une tombe profonde de huit pieds, et déposé dans la salle d'opération de l'un des hôpitaux privés.

Une incision d'une certaine dimension avait déjà été faite dans l'abdomen, lorsque l'aspect frais et sain du sujet leur donna l'idée de lui appliquer la batterie. Une expérience succéda à l'autre, et les effets habituels survinrent sans que rien de particulier ne les distinguât, sauf, à une ou deux reprises au cours du mouvement convulsif, un extraordinaire degré de simulation de la vie.

It grew late. The day was about to dawn; and it was thought expedient, at length, to proceed at once to the dissection. A student, however, was especially desirous of testing a theory of his own, and insisted upon applying the battery to one of the pectoral muscles. A rough gash was made, and a wire hastily brought in contact; when the patient, with a hurried, but quite unconvulsive movement, arose from the table, stepped into the middle of the floor, gazed about him uneasily for a few seconds, and then – spoke. What he said was unintelligible; but words were uttered; the syllabification was distinct. Having spoken, he fell heavily to the floor.

For some moments all were paralyzed with awe – but the urgency of the case soon restored them their presence of mind. It was seen that Mr. Stapleton was alive, although in a swoon. Upon exhibition of ether he revived and was rapidly restored to health, and to the society of his friends – from whom, however, all knowledge of his resuscitation was withheld, until a relapse was no longer to be apprehended. Their wonder – their rapturous astonishment – may be conceived.

The most thrilling peculiarity of this incident, nevertheless, is involved in what Mr. S. himself asserts. He declares that at no period was he altogether insensible – that, dully and confusedly, he was aware of every thing which happened to him,

Il se faisait tard. Le jour allait poindre ; et on jugea opportun en fin de compte de procéder tout de suite à la dissection. Un étudiant cependant était particulièrement désireux de vérifier une théorie personnelle, et il insista pour appliquer la batterie à l'un des muscles pectoraux. On fit une grossière entaille et on mit hâtivement un fil en contact ; alors, le patient, dans un mouvement vif mais sans rien de convulsif, se leva de la table, marcha jusqu'au milieu de la pièce, regarda avec inquiétude autour de lui pendant quelques secondes puis parla. Ce qu'il dit était incompréhensible ; mais des mots furent proférés ; les syllabes étaient distinctes. Ayant parlé, il tomba lourdement sur le plancher.

Pendant quelques instants ils restèrent tous pétrifiés de peur – mais l'urgence de la situation leur rendit leur présence d'esprit. On vit que M. Stapleton était vivant, bien qu'en syncope. Après administration d'éther, il reprit connaissance et revint rapidement à la santé et à la société de ses amis – à qui on cacha cependant toute information sur sa résurrection jusqu'à ce que plus aucune rechute ne fût à craindre. On peut imaginer leur étonnement – leur joyeuse stupeur.

Le détail le plus saisissant de cet incident, néanmoins, se trouve dans ce que M. S. lui-même rapporte. Il déclare qu'à aucun moment il ne fut totalement insensible – que, de façon atténuée et confuse, il était resté conscient de tout ce qui lui arrivait,

from the moment in which he was pronounced *dead* by his physicians, to that in which he fell swooning to the floor of the hospital. "I am alive," were the uncomprehended words which, upon recognising the locality of the dissecting-room, he had endeavored, in his extremity, to utter.

It were an easy matter to multiply such histories as these – but I forbear – for, indeed, we have no need of such to establish the fact that premature interments occur. When we reflect how very rarely, from the nature of the case, we have it in our power to detect them, we must admit that they may *frequently* occur without our cognizance. Scarcely, in truth, is a graveyard ever encroached upon, for any purpose, to any great extent, that skeletons are not found in postures which suggest the most fearful of suspicions.

Fearful indeed the suspicion – but more fearful the doom! It may be asserted, without hesitation, that *no* event is so terribly well adapted to inspire the supremeness of bodily and of mental distress, as is burial before death. The unendurable oppression of the lungs – the stifling fumes of the damp earth – the clinging to the death garments – the rigid embrace of the narrow house – the blackness of the absolute Night – the silence like a sea that overwhelms –

depuis le moment où il avait été déclaré *mort* par ses médecins jusqu'à celui où il était tombé évanoui sur le sol de l'hôpital. « Je suis vivant », tels étaient les mots incompris qu'il avait essayé de dire dans sa situation désespérée lorsqu'il avait reconnu dans ce lieu la salle de dissection.

Il serait facile de multiplier les histoires comme celles-là – mais je m'en abstiens – car, en vérité, nous n'avons aucun besoin de cela pour établir le fait que des enterrements prématurés se produisent. Lorsque nous mesurons combien il est rarissime, étant donné la nature de ces faits, que nous puissions les détecter, il nous faut bien admettre qu'ils pourraient se produire *fréquemment* sans que nous le sachions. Et en vérité lorsque, pour quelque projet, il est nécessaire de réduire un cimetière sur une certaine étendue, il est difficile de le faire sans trouver des squelettes dans des postures qui suscitent les plus terribles soupçons.

Terrible en effet le soupçon – mais plus terrible encore le destin ! On peut affirmer, sans hésitation, qu'*aucun* événement n'est aussi terriblement propre à inspirer le paroxysme de la détresse physique et mentale qu'un enterrement avant la mort. L'insupportable oppression des poumons – les vapeurs suffocantes de la terre humide – les vêtements mortuaires qui collent – l'étreinte rigide de l'étroite demeure – l'obscurité de la Nuit absolue – le silence semblable à une mer qui engloutit –

the unseen but palpable presence of the Conqueror Worm – these things, with thoughts of the air and grass above, with memory of dear friends who would fly to save us if but informed of our fate, and with consciousness that of this fate they can *never* be informed – that our hopeless portion is that of the really dead – these considerations, I say, carry into the heart, which still palpitates, a degree of appalling and intolerable horror from which the most daring imagination must recoil. We know of nothing so agonizing upon Earth – we can dream of nothing half so hideous in the realms of the nethermost Hell. And thus all narratives upon this topic have an interest profound; an interest, nevertheless, which, through the sacred awe of the topic itself, very properly and very peculiarly depends upon our conviction of the *truth* of the matter narrated. What I have now to tell, is of my own actual knowledge – of my own positive and personal experience.

For several years I had been subject to attacks of the singular disorder which physicians have agreed to term catalepsy, in default of a more definitive title. Although both the immediate and the predisposing causes, and even the actual diagnosis of this disease, are still mysterious, its obvious and apparent character is sufficiently well understood. Its variations seem to be chiefly of degree.

l'invisible mais palpable présence du Ver conquérant[4] – toutes ces choses jointes à la pensée de l'air et de l'herbe au-dessus, au souvenir des amis les plus chers qui voleraient à notre secours s'ils avaient connaissance de notre sort, et la conscience que de ce sort ils ne pourront *jamais* avoir connaissance – que notre lot sans espoir est celui de ceux qui sont vraiment morts – toutes ces considérations, dis-je, apportent au cœur qui palpite encore un degré d'horreur effroyable et intolérable face auquel l'imagination la plus hardie ne peut que se révolter. Nous ne connaissons rien d'aussi atroce sur terre – nous ne pouvons rêver de rien qui atteigne la moitié d'une telle horreur dans le royaume de l'enfer le plus profond. Et ainsi tous les récits sur ce sujet ont-ils un intérêt profond ; un intérêt néanmoins, qui, par la peur sacrée du sujet lui-même, dépend très proprement et très particulièrement de la conviction que nous avons de la *vérité* des faits rapportés. Ce que j'ai à raconter maintenant relève de ma connaissance réelle – de ma seule expérience tangible et personnelle.

Depuis des années, j'étais sujet à des attaques de ce singulier désordre que les médecins sont convenus d'appeler catalepsie, à défaut d'un terme plus définitif. Quoique les causes immédiates comme les causes prédisposantes, et même le diagnostic de ce mal, soient encore mystérieux, son caractère manifeste et apparent est assez bien connu. Ses variations semblent être surtout de degré.

Sometimes the patient lies, for a day only, or even for a shorter period, in a species of exaggerated lethargy. He is senseless and externally motionless; but the pulsation of the heart is still faintly perceptible; some traces of warmth remain; a slight color lingers within the centre of the cheek; and, upon application of a mirror to the lips, we can detect a torpid, unequal, and vacillating action of the lungs. Then again the duration of the trance is for weeks – even for months; while the closest scrutiny, and the most rigorous medical tests, fail to establish any material distinction between the state of the sufferer and what we conceive of absolute death. Very usually, he is saved from premature interment solely by the knowledge of his friends that he has been previously subject to catalepsy, by the consequent suspicion excited, and, above all, by the non-appearance of decay. The advances of the malady are, luckily, gradual. The first manifestations, although marked, are unequivocal. The fits grow successively more and more distinctive, and endure each for a longer term than the preceding. In this lies the principal security from inhumation. The unfortunate whose *first* attack should be of the extreme character which is occasionally seen, would almost inevitably be consigned alive to the tomb.

Parfois le malade gît, pour un jour seulement, ou même pour une période plus courte, dans une espèce de léthargie exagérée. Il est privé de sensations et, extérieurement, de mouvements, mais la pulsation du cœur est encore faiblement perceptible ; quelques traces de chaleur subsistent ; une légère coloration s'attarde encore au milieu des joues ; et, en appliquant un miroir aux lèvres, nous pouvons détecter un mouvement des poumons ralenti, irrégulier et vacillant. D'autres fois, la durée de la crise se prolonge pendant des semaines – parfois des mois ; et l'observation la plus minutieuse, les examens médicaux les plus rigoureux, ne parviennent pas à établir la moindre différence concrète entre l'état du patient et ce que nous imaginons de la mort absolue. Très souvent, il est sauvé d'un enterrement prématuré seulement par la connaissance qu'ont ses amis de ce qu'il a été auparavant sujet à la catalepsie, par les soupçons consécutifs qui ont été suscités, et, par-dessus tout, par la non-apparition de la décomposition. Les progrès de la maladie sont, heureusement, graduels. Les premières manifestations, quoique marquées, sont sans équivoque. Les accès deviennent ensuite de plus en plus marqués, et chacun dure plus longtemps que le précédent. C'est en cela que réside la principale assurance contre l'inhumation. L'infortuné dont la *première* attaque aurait le caractère extrême qu'on observe parfois serait presque inévitablement livré vivant au tombeau.

My own case differed in no important particular from those mentioned in medical books. Sometimes, without any apparent cause, I sank, little by little, into a condition of semi-syncope, or half swoon; and, in this condition, without pain, without ability to stir, or, strictly speaking, to think, but with a dull lethargic consciousness of life and of the presence of those who surrounded my bed, I remained, until the crisis of the disease restored me, suddenly, to perfect sensation. At other times I was quickly and impetuously smitten. I grew sick, and numb, and chilly, and dizzy, and so fell prostrate at once. Then, for weeks, all was void, and black, and silent, and Nothing became the universe. Total annihilation could be no more. From these latter attacks I awoke, however, with a gradation slow in proportion to the suddenness of the seizure. Just as the day dawns to the friendless and houseless beggar who roams the streets throughout the long desolate winter night – just so tardily – just so wearily – just so cheerily came back the light of the Soul to me.

Apart from the tendency to trance, however, my general health appeared to be good; nor could I perceive that it was at all affected by the one prevalent malady – unless, indeed, an idiosyncrasy in my ordinary *sleep* may be looked upon as superinduced.

Mon propre cas ne différait par aucun détail important de ceux que citaient les traités médicaux. Parfois, sans aucune cause apparente, je sombrais peu à peu dans un état de semi-syncope ou de demi-évanouissement; et je restais dans cet état, sans douleur, sans capacité de bouger, ou, à strictement parler, de penser, mais avec une vague conscience léthargique de la vie et de la présence de ceux qui entouraient mon lit, jusqu'à ce qu'une crise de cette maladie me rendît soudain à la pleine sensation. À d'autres moments, j'étais victime d'une attaque rapide et violente. J'étais pris de nausées, d'engourdissement, de froid, de vertiges, et je m'effondrais donc aussitôt. Alors, pendant des semaines, tout était vide, et noir, et silencieux, et le Néant devenait l'univers. L'anéantissement total n'aurait pu être pire. Je m'éveillais cependant de ces dernières attaques selon une progression d'une lenteur proportionnelle à leur soudaineté. Tout comme le jour point pour le mendiant sans amis et sans maison qui erre au hasard des rues dans la longue nuit désolée d'hiver – tout aussi lentement – tout aussi péniblement revenait pour moi la lumière de l'Âme.

À part la tendance à la catalepsie, cependant, ma santé générale semblait bonne; et je ne pouvais déceler si elle était le moins du monde perturbée par cette seule maladie dominante – à moins qu'en vérité on ne dût considérer qu'une caractéristique de mon *sommeil* ordinaire en découlât.

Upon awaking from slumber, I could never gain, at once, thorough possession of my senses, and always remained, for many minutes, in much bewilderment and perplexity; – the mental faculties in general, but the memory in especial, being in a condition of absolute abeyance.

In all that I endured there was no physical suffering, but of moral distress an infinitude. My fancy grew charnel. I talked "of worms, of tombs and epitaphs." I was lost in reveries of death, and the idea of premature burial held continual possession of my brain. The ghastly Danger to which I was subjected, haunted me day and night. In the former, the torture of meditation was excessive – in the latter, supreme. When the grim Darkness overspread the Earth, then, with very horror of thought, I shook – shook as the quivering plumes upon the hearse. When Nature could endure wakefulness no longer, it was with a struggle that I consented to sleep – for I shuddered to reflect that, upon awaking, I might find myself the tenant of a grave. And when, finally, I sank into slumber, it was only to rush at once into a world of phantasms, above which, with vast, sable, overshadowing wing, hovered, predominant, the one sepulchral Idea.

From the innumerable images of gloom which thus oppressed me in dreams, I select for record but a solitary vision.

Lorsque j'émergeais de mon sommeil, je ne pouvais jamais reprendre d'un seul coup possession de mes sens, et je restais toujours pendant des minutes dans l'affolement et la perplexité – les facultés mentales en général, mais la mémoire en particulier, se trouvant alors dans une condition d'absolue suspension.

Dans tout ce que j'endurais il n'y avait pas de souffrance physique, mais une détresse morale infinie. Mon imagination devint charnier. Je parlais « de vers, de tombes, d'épitaphes[5] ». J'étais perdu dans des rêveries de mort, et l'idée d'enterrement prématuré prenait continuellement possession de mon cerveau. Le péril effrayant auquel j'étais exposé me hantait jour et nuit. Le jour, la torture de la méditation était excessive ; la nuit, elle était suprême. Lorsque les sinistres ténèbres se répandaient sur la Terre, alors, dans toute l'horreur de ma pensée, je tremblais – tremblais comme les plumets frissonnent au-dessus du corbillard. Lorsque la Nature ne pouvait plus supporter l'insomnie, c'était en luttant que je cédais au sommeil – car je frémissais en pensant qu'au réveil, je pourrais me retrouver l'occupant d'une tombe. Et lorsque, finalement, je sombrais dans le sommeil, ce n'était que pour me précipiter d'un seul coup dans un monde de phantasmes, au-dessus duquel, sur ses vastes ailes noires enténébrantes, planait, omniprésente, la seule Idée sépulcrale.

De ces innombrables images de ténèbres qui m'oppressaient ainsi en rêve, je ne choisis de rapporter qu'une vision isolée.

Methought I was immersed in a cataleptic trance of more than usual duration and profundity. Suddenly there came an icy hand upon my forehead, and an impatient, gibbering voice whispered the word "Arise!" within my ear.

I sat erect. The darkness was total. I could not see the figure of him who had aroused me. I could call to mind neither the period at which I had fallen into the trance, nor the locality in which I then lay. While I remained motionless, and busied in endeavors to collect my thoughts, the cold hand grasped me fiercely by the wrist, shaking it petulantly, while the gibbering voice said again:

"Arise! did I not bid thee arise?"

"And who," I demanded, "art thou?"

"I have no name in the regions which I inhabit," replied the voice, mournfully; "I was mortal, but am fiend. I was merciless, but am pitiful. Thou dost feel that I shudder. My teeth chatter as I speak, yet it is not with the chilliness of the night – of the night without end. But this hideousness is insufferable. How canst *thou* tranquilly sleep? I cannot rest for the cry of these great agonies. These sights are more than I can bear. Get thee up! Come with me into the outer Night, and let me unfold to thee the graves. Is not this a spectacle of wo? – Behold!"

Il me semblait que j'étais immergé dans une
transe cataleptique d'une durée et d'une profondeur inhabituelles. Soudain une main glaciale se
posa sur mon front, et une voix impatiente et bal-
butiante me souffla à l'oreille « lève-toi ».

Je m'assis tout droit. L'obscurité était totale. Je
ne pouvais distinguer la forme de celui qui m'avait
éveillé. Je ne pouvais me rappeler ni le moment
où j'étais tombé en transe, ni le lieu où j'étais alors
couché. Tandis que je restais sans mouvement, et
occupé par mes efforts à rassembler mes pensées,
la main froide me saisit violemment le poignet,
le secouant avec vivacité, alors que la voix balbu-
tiante disait une fois de plus :

« Lève-toi ! Ne t'ai-je pas ordonné de te lever ? »

« Et qui es-tu ? » demandai-je.

« Je n'ai pas de nom dans les régions que
j'habite », répliqua la voix, d'un ton lugubre ;
« j'étais mortel, mais je suis démon. J'étais impi-
toyable, mais je suis miséricordieux. Tu sens que
je frissonne. Mes dents claquent quand je parle,
et pourtant ce n'est pas à cause de la fraîcheur
de la nuit – de la nuit sans fin. Mais cette horreur
est insupportable. Comment peux-tu, *toi*, dormir
tranquillement ? Je ne peux trouver le repos face
au cri de ces grandes douleurs. Ces visions sont
plus que je ne puis supporter. Lève-toi ! Viens avec
moi dans la Nuit extérieure, et laisse-moi t'ouvrir
les tombes. N'est-ce pas une vision de malheur ?
– Regarde ! »

I looked; and the unseen figure, which still grasped me by the wrist, had caused to be thrown open the graves of all mankind; and from each issued the faint phosphoric radiance of decay; so that I could see into the innermost recesses, and there view the shrouded bodies in their sad and solemn slumbers with the worm. But, alas! the real sleepers were fewer, by many millions, than those who slumbered not at all; and there was a feeble struggling; and there was a general sad unrest; and from out the depths of the countless pits there came a melancholy rustling from the garments of the buried. And, of those who seemed tranquilly to repose, I saw that a vast number had changed, in a greater or less degree, the rigid and uneasy position in which they had originally been entombed. And the voice again said to me, as I gazed:

"Is it not – oh! is it *not* a pitiful sight?" But, before I could find words to reply, the figure had ceased to grasp my wrist, the phosphoric lights expired, and the graves were closed with a sudden violence, while from out them arose a tumult of despairing cries, saying again, "Is it not – oh, God! is it *not* a very pitiful sight?"

Phantasies such as these, presenting themselves at night, extended their terrific influence far into my waking hours.

Je regardai ; et la forme invisible qui me tenait toujours par le poignet avait fait s'ouvrir les tombes de toute l'humanité ; et de chacune sortait le faible rayonnement phosphorescent de la décomposition ; je pouvais ainsi distinguer les recoins les plus profonds, et y voir les corps ensevelis dans leur triste et solennel sommeil en compagnie des vers. Mais hélas ! les véritables dormeurs étaient de plusieurs millions moins nombreux que ceux qui ne dormaient pas du tout ; et il y avait un faible remuement ; et il y avait une triste inquiétude générale ; et des profondeurs des fosses sans nombre montait le bruissement mélancolique des vêtements des enterrés. Et parmi ceux qui semblaient reposer tranquillement, je vis qu'un vaste nombre avait changé, à un degré plus ou moins grand, la position rigide et inconfortable dans laquelle ils avaient à l'origine été enterrés. Et la voix me disait à nouveau tandis que je regardais :

« N'est-ce pas – oh ! n'est-ce *pas* une vision pitoyable ? » Mais avant que j'aie pu trouver les mots pour répondre, la forme avait cessé de me serrer le poignet, les lumières phosphorescentes avaient disparu et les tombes s'étaient refermées avec une soudaine violence, pendant qu'il s'en élevait un tumulte de cris désespérés qui répétaient : « N'est-ce pas – oh Dieu ! N'est-ce *pas* une très pitoyable vision ? »

Des visions comme celles-ci qui se présentaient d'elles-mêmes la nuit prolongeaient longuement leur terrible influence au cours de mes heures de veille.

My nerves became thoroughly unstrung, and I fell a prey to perpetual horror. I hesitated to ride, or to walk, or to indulge in any exercise that would carry me from home. In fact, I no longer dared trust myself out of the immediate presence of those who were aware of my proneness to catalepsy, lest, falling into one of my usual fits, I should be buried before my real condition could be ascertained. I doubted the care, the fidelity of my dearest friends. I dreaded that, in some trance of more than customary duration, they might be prevailed upon to regard me as irrecoverable. I even went so far as to fear that, as I occasioned much trouble, they might be glad to consider any very protracted attack as sufficient excuse for getting rid of me altogether. It was in vain they endeavored to reassure me by the most solemn promises. I exacted the most sacred oaths, that under no circumstances they would bury me until decomposition had so materially advanced as to render farther preservation impossible. And, even then, my mortal terrors would listen to no reason – would accept no consolation. I entered into a series of elaborate precautions. Among other things, I had the family vault so remodelled as to admit of being readily opened from within.

Mes nerfs se détraquèrent complètement, et je devins la proie d'une horreur perpétuelle. J'hésitai à sortir à cheval, à marcher, ou à me livrer à tout exercice qui m'entraînait hors de chez moi. En fait, je n'osais plus avoir confiance en moi en dehors de la présence immédiate de ceux qui étaient au courant de ma propension à la catalepsie, de peur que, tombant dans une de mes crises habituelles, je sois enterré avant que mon véritable état ait pu être décelé. Je mettais en doute la sollicitude, la fidélité de mes amis les plus chers. Je craignais qu'au cours d'une crise de durée plus longue que d'habitude, ils puissent en arriver à me juger irrécupérable. Comme je leur causais beaucoup d'ennuis, j'allai même jusqu'à craindre qu'ils puissent être heureux de considérer toute attaque véritablement prolongée comme une excuse suffisante pour se débarrasser de moi entièrement. C'est en vain qu'ils essayèrent de me rassurer par les promesses les plus solennelles. J'exigeai les serments les plus sacrés qu'en aucune circonstance ils ne m'enterreraient avant que ma décomposition soit si concrètement avancée qu'elle rende toute préservation ultérieure impossible. Et même alors, mes terreurs mortelles ne voulurent entendre nulle raison – ne voulurent admettre aucune consolation. Je pris toute une série de précautions minutieuses. Entre autres choses, je fis refaire mon caveau de famille de façon qu'il puisse être rapidement ouvert de l'intérieur.

The slightest pressure upon a long lever that extended far into the tomb would cause the iron portals to fly back. There were arrangements also for the free admission of air and light, and convenient receptacles for food and water, within immediate reach of the coffin intended for my reception. This coffin was warmly and softly padded, and was provided with a lid, fashioned upon the principle of the vault-door, with the addition of springs so contrived that the feeblest movement of the body would be sufficient to set it at liberty. Besides all this, there was suspended from the roof of the tomb, a large bell, the rope of which, it was designed, should extend through a hole in the coffin, and so be fastened to one of the hands of the corpse. But, alas! what avails the vigilance against the Destiny of man? Not even these well contrived securities sufficed to save from the uttermost agonies of living inhumation, a wretch to these agonies foredoomed!

There arrived an epoch – as often before there had arrived – in which I found myself emerging from total unconsciousness into the first feeble and indefinite sense of existence. Slowly – with a tortoise gradation – approached the faint gray dawn of the psychal day. A torpid uneasiness. An apathetic endurance of dull pain. No care – no hope – no effort. Then, after a long interval, a ringing in the ears;

La moindre pression sur un long levier, qui s'étendait loin dans la tombe, devait faire s'ouvrir brusquement les vantaux de fer. Il y avait aussi des dispositifs pour la libre admission de l'air et de la lumière, et des récipients appropriés pour la nourriture et l'eau, à portée immédiate du cercueil prévu pour me recevoir. Ce cercueil était chaudement et douillettement capitonné[6] et équipé d'un couvercle aménagé selon le principe de la porte du caveau, avec un ajout de ressorts disposés de façon telle que le plus faible mouvement du corps suffise à le libérer. En plus de tout cela, on avait pendu à la voûte du tombeau une grande cloche, dont la corde, ainsi qu'il était prévu, devait passer à travers un trou dans le cercueil, et être ainsi attachée à l'une des mains de l'enterré. Mais, hélas, à quoi sert donc la vigilance contre la Destinée de l'homme? Ces sécurités bien organisées ne suffisaient même pas à protéger le misérable des angoisses extrêmes d'être condamné à un enterrement vivant!

Il arriva un moment – comme il en était souvent arrivé auparavant – où je me retrouvai sortant d'une inconscience totale pour émerger dans la première faible et indéfinie sensation d'existence. Lentement – avec une progression de tortue – approchait la timide aube grisâtre du jour psychique. Un malaise accablant. Une épreuve apathique de douleur sourde. Aucun soin – aucun espoir – aucun effort. Puis, après un long intervalle, un tintement dans les oreilles;

then, after a lapse still longer, a pricking or tingling sensation in the extremities; then a seemingly eternal period of pleasurable quiescence, during which the awakening feelings are struggling into thought; then a brief re-sinking into non-entity; then a sudden recovery. At length the slight quivering of an eyelid, and immediately thereupon, an electric shock of a terror, deadly and indefinite, which sends the blood in torrents from the temples to the heart. And now the first positive effort to think. And now the first endeavor to remember. And now a partial and evanescent success. And now the memory has so far regained its dominion, that, in some measure, I am cognizant of my state. I feel that I am not awaking from ordinary sleep. I recollect that I have been subject to catalepsy. And now, at last, as if by the rush of an ocean, my shuddering spirit is overwhelmed by the one grim Danger – by the one spectral and ever-prevalent Idea.

For some minutes after this fancy possessed me, I remained without motion. And why? I could not summon courage to move. I dared not make the effort which was to satisfy me of my fate – and yet there was something at my heart which whispered me *it was sure*. Despair – such as no other species of wretchedness ever calls into being – despair alone urged me, after long irresolution, to uplift the heavy lids of my eyes.

puis, après un laps de temps encore plus long, une sensation de picotement ou de fourmillement aux extrémités; puis une période apparemment éternelle de quiétude plaisante, pendant laquelle les sentiments qui se réveillent cherchent à devenir pensée; puis une brève rechute dans le non-être; puis un brusque retour à la conscience. Enfin, le léger tremblement d'une paupière, et tout de suite après, un choc électrique de terreur mortelle, imprécise, qui lance à flots le sang des tempes vers le cœur. Et puis le premier effort positif pour penser. Et puis un succès partiel et évanescent. Et puis la mémoire a si bien regagné son empire que, dans une certaine mesure, je suis conscient de mon état. Je sens que je ne suis pas en train de me réveiller d'un sommeil ordinaire. Je me rappelle que j'ai été sujet à la catalepsie. Et puis, enfin, comme sous la ruée d'un océan, mon esprit frémissant est submergé par le seul Danger inexorable – par la seule Idée spectrale et toujours obsédante.

Pendant quelques minutes, après que cette idée m'eut envahi, je restai sans mouvement. Et pourquoi donc? Je ne pouvais rassembler le courage nécessaire pour bouger. Je n'osais pas faire l'effort qui devait me rassurer sur mon destin – et pourtant il y avait en moi quelque chose qui me soufflait que *c'était sûr*. Le désespoir – tel qu'aucune autre sorte de malheur n'en fait jamais naître – le désespoir seul me força après une longue irrésolution à soulever mes paupières lourdes.

I uplifted them. It was dark – all dark. I knew that the fit was over. I knew that the crisis of my disorder had long passed. I knew that I had now fully recovered the use of my visual faculties – and yet it was dark – all dark – the intense and utter raylessness of the Night that endureth for evermore.

I endeavored to shriek; and my lips and my parched tongue moved convulsively together in the attempt – but no voice issued from the cavernous lungs, which, oppressed as if by the weight of some incumbent mountain, gasped and palpitated, with the heart, at every elaborate and struggling inspiration.

The movement of the jaws, in this effort to cry aloud, showed me that they were bound up, as is usual with the dead. I felt, too, that I lay upon some hard substance; and by something similar my sides were, also, closely compressed. So far, I had not ventured to stir any of my limbs – but now I violently threw up my arms, which had been lying at length, with the wrists crossed. They struck a solid wooden substance, which extended above my person at an elevation of not more than six inches from my face. I could no longer doubt that I reposed within a coffin at last.

And now, amid all my infinite miseries, came sweetly the cherub Hope – for I thought of my precautions. I writhed, and made spasmodic exertions to force open the lid:

Je les soulevai. Il faisait noir – tout noir. Je savais
que l'accès était fini. Je savais que la crise de mon
mal était depuis longtemps passée. Je savais que
j'avais maintenant recouvré l'usage de mes facultés
visuelles – et pourtant il faisait noir – c'était l'intense et complète absence de rayonnement de la
Nuit qui dure à tout jamais.

Je tentai de crier; et dans l'effort, mes lèvres et
ma langue desséchée remuèrent convulsivement
– mais aucune voix ne sortit de mes poumons caver-
neux qui, oppressés comme par le poids d'une
lourde montagne, hoquetaient et palpitaient, avec
le cœur, à chaque laborieuse et difficile inspiration.

Le mouvement des mâchoires, dans cette tentative
pour crier fort, me fit comprendre qu'elles étaient
liées, comme c'est l'usage avec les morts. Je sentis
en outre que j'étais couché sur une matière dure; et
quelque chose de semblable comprimait aussi mes
flancs. Jusqu'alors je ne m'étais risqué à mouvoir
aucun de mes membres – mais à ce moment je levai
violemment mes bras, qui étaient allongés de toute
leur longueur, les poignets croisés. Ils heurtèrent
une solide paroi de bois qui s'étendait au-dessus de
ma personne à une distance d'à peine six pouces de
mon visage. Je ne pus douter plus longtemps que je
reposais bel et bien dans un cercueil.

Et alors, dans l'infini de mes misères, surgit doucement l'ange de l'Espoir – car je pensai à mes
précautions. Je me contorsionnai et fis des efforts
spasmodiques pour forcer le couvercle :

it would not move. I felt my wrists for the bell-rope: it was not to be found. And now the Comforter fled for ever, and a still sterner Despair reigned triumphant; for I could not help perceiving the absence of the paddings which I had so carefully prepared – and then, too, there came suddenly to my nostrils the strong peculiar odor of moist earth. The conclusion was irresistible. I was *not* within the vault. I had fallen into a trance while absent from home – while among strangers – when, or how, I could not remember – and it was they who had buried me as a dog – nailed up in some common coffin – and thrust, deep, deep, and for ever, into some ordinary and nameless *grave*.

As this awful conviction forced itself, thus, into the innermost chambers of my soul, I once again struggled to cry aloud. And in this second endeavor I succeeded. A long, wild, and contin-uous shriek, or yell, of agony, resounded through the realms of the subterrene Night.

"Hillo! hillo, there!" said a gruff voice, in reply.

"What the devil's the matter now?" said a second.

"Get out o' that!" said a third.

"What do you mean by yowling in that ere kind of style, like a cattymount?" said a fourth; and hereupon I was seized and shaken without cere-mony,

il ne bougea pas. Je cherchais à mes poignets la corde de la cloche ; je ne pus la trouver. Alors le Consolateur s'envola à tout jamais, et un Désespoir plus sévère encore régna triomphant, car je ne pus m'empêcher de constater l'absence du capitonnage que j'avais si soigneusement préparé – et puis parvint soudain à mes narines l'odeur particulière et forte de la terre humide. La conclusion était implacable. Je n'étais *pas* dans le caveau. J'étais tombé en catalepsie alors que je me trouvais hors de chez moi – alors que j'étais parmi des étrangers – quand ou comment, je ne pouvais m'en souvenir – et c'étaient eux qui m'avaient enterré comme un chien – cloué dans quelque cercueil commun – et jeté profond, profond, pour toujours, dans quelque *tombe* ordinaire et anonyme.

Comme cette conviction atroce s'infiltrait ainsi dans les recoins les plus profonds de mon âme, je tentai encore une fois de pousser un cri. Et à ce second essai, je réussis. Un cri long, sauvage et continu, un hurlement d'agonie, résonna dans le royaume de la Nuit souterraine.

« Holà ! Holà, donc ! » fit en réponse une voix bourrue.

« Que diable peut-il bien vouloir ! » dit une seconde.

« Sortez de là ! » dit une troisième.

« Qu'est-ce que ça signifie de hurler ainsi, tout comme un puma ? » dit une quatrième ; sur quoi je fus saisi et secoué sans cérémonie,

for several minutes, by a junto of very rough-looking individuals. They did not arouse me from my slumber – for I was wide awake when I screamed – but they restored me to the full possession of my memory.

This adventure occurred near Richmond, in Virginia. Accompanied by a friend, I had proceeded, upon a gunning expedition, some miles down the banks of the James River. Night approached, and we were overtaken by a storm. The cabin of a small sloop lying at anchor in the stream, and laden with garden mould, afforded us the only available shelter. We made the best of it, and passed the night on board. I slept in one of the only two berths in the vessel – and the berths of a sloop of sixty or seventy tons need scarcely be described. That which I occupied had no bedding of any kind. Its extreme width was eighteen inches. The distance of its bottom from the deck overhead, was precisely the same. I found it a matter of exceeding difficulty to squeeze myself in. Nevertheless, I slept soundly; and the whole of my vision – for it was no dream, and no nightmare – arose naturally from the circumstances of my position – from my ordinary bias of thought – and from the difficulty, to which I have alluded, of collecting my senses, and especially of regaining my memory, for a long time after awaking from slumber. The men who shook me were the crew of the sloop,

pendant plusieurs minutes, par une bande d'individus d'allure fort rude. Ils ne me tirèrent pas de mon sommeil – car j'étais bien éveillé lorsque j'avais crié – mais ils me rendirent la pleine possession de ma mémoire.

Cette aventure se passait près de Richmond en Virginie. En compagnie d'un ami, j'avais parcouru sur plusieurs milles, au cours d'une expédition de chasse, les rives de la rivière James. La nuit approchait, et nous fûmes surpris par un orage. La cabine d'un petit sloop ancré dans la rivière, et chargé de terreau pour les jardins, nous offrit le seul refuge possible. Nous nous en accommodâmes et passâmes la nuit à bord. Je dormis dans une des deux seules couchettes du bateau – et les couchettes d'un sloop de soixante ou soixante-dix tonneaux n'ont guère besoin d'être décrites. Celle que j'occupais n'avait aucune sorte de literie. Sa plus grande largeur était de dix-huit pouces. La distance de son fond jusqu'au pont situé au-dessus était exactement la même. J'eus des difficultés extrêmes pour m'y glisser. Néanmoins, je dormis profondément; et l'ensemble de ma vision – car ce n'était ni un rêve ni un cauchemar – venait naturellement des hasards de ma position – de mon habituelle tournure d'esprit – et, j'y ai déjà fait allusion, de ma difficulté à reprendre mes esprits, et particulièrement à retrouver la mémoire pendant un long moment après être sorti du sommeil. Les hommes qui m'avaient secoué étaient l'équipage du sloop,

and some laborers engaged to unload it. From the load itself came the earthly smell. The bandage about the jaws was a silk handkerchief in which I had bound up my head, in default of my customary nightcap.

The tortures endured, however, were indubitably quite equal, for the time, to those of actual sepulture. They were fearfully – they were inconceivably hideous; but out of Evil proceeded Good; for their very excess wrought in my spirit an inevitable revulsion. My soul acquired tone – acquired temper. I went abroad. I took vigorous exercise. I breathed the free air of Heaven. I thought upon other subjects than Death. I discarded my medical books. "Buchan" I burned. I read no "Night Thoughts" – no fustian about church-yards – no bugaboo tales – *such as this*. In short I became a new man, and lived a man's life. From that memorable night, I dismissed forever my charnel apprehensions, and with them vanished the cataleptic disorder, of which, perhaps, they had been less the consequence than the cause.

There are moments when, even to the sober eye of Reason, the world of our sad Humanity may assume the semblance of a Hell – but the imagination of man is no Carathis, to explore with impunity its every cavern.

et quelques travailleurs engagés pour le décharger. C'est de la cargaison elle-même que venait l'odeur de terre. Le bandage autour de ma mâchoire était un mouchoir de soie que j'avais noué autour de ma tête à défaut de mon bonnet de nuit habituel.

Cependant les tortures endurées avaient été indubitablement égales, sur le moment, à celles d'une réelle inhumation. Elles avaient été terrifiantes – elles avaient été incroyablement hideuses ; mais du Mal sortit le Bien ; car leur excès même opéra dans mon esprit une inévitable répulsion. Mon âme acquit de la vigueur – acquit de la trempe. Je voyageai. Je pratiquai de vigoureux exercices. Je respirai l'air libre du Ciel. Je pensai à d'autres sujets qu'à la Mort. Je me débarrassai de mes livres médicaux. *Buchan*[7], je le brûlai. Je ne lus plus de *Nuits*[8] – plus de galimatias sur les cimetières – plus d'histoires d'horreur – *comme celle-ci*. Bref, je devins un nouvel homme, et vécus une vie d'homme. À partir de cette nuit mémorable, je chassai à tout jamais mes macabres appréhensions, et avec elles disparut le mal cataleptique, dont elles avaient peut-être été moins la conséquence que la cause.

Il y a des moments où, même pour l'œil calme de la Raison, le monde de notre triste Humanité peut prendre l'aspect de l'Enfer – mais l'imagination de l'homme n'est pas une Carathis[9] pour explorer en toute impunité chacun de ses gouffres.

Alas! the grim legion of sepulchral terrors cannot be regarded as altogether fanciful – but, like the Demons in whose company Afrasiab made his voyage down the Oxus, they must sleep, or they will devour us – they must be suffered to slumber, or we perish.

Hélas! on ne peut regarder la sinistre légion des terreurs sépulcrales comme entièrement imaginaire – mais, comme les Démons en compagnie desquels Afrasiab descendit l'Oxus[10], elles doivent sommeiller, sinon elles nous dévoreront – il faut les condamner au sommeil, sinon nous périssons.

NOTES

PERTE DE SOUFFLE

1. *Breath* signifie « haleine » ou « souffle ». L'ensemble des allusions ou des jeux de mots du texte fonctionne mieux en français avec le second sens.

2. Fondé en 1817, très populaire en Amérique, le *Blackwood's Edinburgh Magazine* publiait beaucoup de contes gothiques.

3. Premiers mots du premier vers des *Irish Melodies* du poète Thomas Moore (1779-1852).

4. Salmanasar V régna de 727 à 722 av. J.-C., soumit Tyr, déposa Osée et assiégea Samarie. Sardanapale aurait été le dernier roi d'Assyrie. Azoth était une ville de Syrie que Psammétique (663-609 av. J.-C.), pharaon égyptien, assiégea vingt-neuf ans. Aristée est un historien grec du Ve siècle av. J.-C.

5. *Julie ou La Nouvelle Héloïse*, de Jean-Jacques Rousseau.

6. Pasteur, romancier et théoricien politique britannique, W. Godwin (1756-1836) publia *Mandeville* en 1817.

7. Anaxagore (Ve siècle av. J.-C.), philosophe matérialiste, disait plus exactement qu'il devait y avoir de la « noirceur » dans la neige puisqu'elle se change en eau plus sombre que la neige.

8. Lotion capillaire lancée à l'époque par un médecin new-yorkais du nom de Grandjean.

9. Tragédie de John Augustus Stone jouée à New York en 1829.

10. Tyran d'Agrigente (vers le VIᵉ siècle av. J.-C.), il avait fait édifier un taureau d'airain creux pour y faire brûler ses victimes.

11. Titre du poème qui avait rendu Poe célèbre (*The Crow / The Raven*, 1845).

12. Inspiré d'une séquence identique du *Candide* de Voltaire (chap. XXVIII) : Pangloss, après avoir été pendu, tombe aux mains d'un chirurgien qui commence à le disséquer.

13. Traité de Robert Montgomery publié à Londres en 1828.

14. Allusion à Angélique Catalani (1782-1849), célèbre cantatrice italienne de l'époque. L'humour vient de ce que *cat* veut dire « chat ».

15. Selon Hérodote (III, 69), le mage Smerdis avait eu les oreilles coupées sous Cyrus. Il usurpa plus tard le pouvoir en se faisant passer pour Smerdis, fils de Cyrus. Zopyre, lieutenant de Darius, se coupe le nez et les oreilles afin de s'introduire dans Babylone comme s'il était un transfuge. Passé au service des Assyriens, il gagne quelques batailles arrangées au préalable avec Darius puis finit par livrer la ville (*ibid.*, 153).

16. Poe joue sur l'étymologie : *cynique* vient du mot grec qui signifie « chien ».

17. Allusion au roman *Zillah, a Tale 53of Jerusalem* d'Horace Smith (1828) : Marc Antoine, ivre, déclare qu'il a « écrit un traité sur l'ivrognerie ».

18. Verbe latin qui figurait après le nom du peintre et qui signifie « a peint ».

19. Tiré de la pièce *Antonio and Mellida* de John Marston (1575-1634).

20. George Crabbe (1754-1832), poète britannique de tradition ruraliste, sans doute mentionné ici en référence à l'animal homonyme et à ses déplacements.

21. Les géants empilent les montagnes de Grèce pour atteindre le sommet de l'Olympe (*Odyssée*, XI, 315).

22. Peut-être une allusion à Éleuthère-Irénée Du Pont de Nemours (1771-1834), qui travailla avec Lavoisier, puis émigra aux États-Unis et y fonda une poudrerie, origine de la célèbre firme américaine du même nom.

23. Allusion au titre de l'édition américaine de l'ouvrage du médecin britannique John Flint South, *Description of the Bones* (1825).

24. Peut-être Robert Barclay (1785-1837), un officier de marine britannique qui participa à la bataille de Trafalgar.

25. *Fizz*, « pétillement », « effervescence ». Pseudonyme de H. K. Browne (1815-1882), un des principaux illustrateurs de Dickens, qui commença à se faire connaître très jeune.

26. Le texte de la note ajoutée par Poe se traduit ainsi : « C'est une chose délicate chez les femmes que la réputation de pudeur : elle est comme une fleur exquise qui se fane au souffle le plus léger, et se décompose au vent le plus léger… »

27. Référence faite aux *Vies des philosophes illustres* de Diogène Laërce.

LE RENDEZ-VOUS

1. Henry King (1592-1669), homme d'Église et poète métaphysicien britannique.

2. Allusion au vers « *From lover's food till morrow deep midnight* » (« Jusqu'à demain minuit du pain des

amoureux »), dans *Le Songe d'une nuit d'été* de Shakespeare (I, 1; trad. Jean-Michel Déprats, Gallimard, Folio Théâtre, 2003, p. 67).

3. Le personnage de Mentoni renvoie au comte Alessandro Guiccioli, mari sexagénaire de la jeune comtesse Teresa Guiccioli qui, à partir de 1818, entretint une relation amoureuse avec Byron.

4. On retrouve là les images exactes du poème *À Hélène* (« *hyacinth hair* », « *classic face* », « *statue-like* »). Hélène n'est autre que Jane Stanard, la mère d'un des camarades de Poe à Richmond et « le premier amour idéal et pur de mon âme passionnée d'adolescent » (correspondance).

5. Légendaire reine de Phrygie dont tous les enfants furent tués par Apollon et Artémis.

6. Cette gloire européenne est évidemment celle de Byron, excellent nageur, qui avait accompli quelques exploits comme la traversée de l'Hellespont.

7. Portrait de Byron jeune, dans lequel on retrouve certains traits d'Edgar Poe : le front très large, le teint pâle et les cheveux noirs.

8. Thomas More (1478-1535), humaniste catholique, auteur de *L'Utopie*. Ambassadeur et chancelier du royaume, il s'opposa à Henri VIII qui le fit décapiter.

9. Nom latinisé de Jean Tixier de Ravisi (1480-1524), érudit et compilateur de la Renaissance.

10. « Au rire » ou « le rire ».

11. « Le meilleur artiste ne peut rien concevoir que le marbre lui-même ne porte déjà inscrit. »

12. Angelo Poliziano (1454-1494) raconte, dans sa *Favola d'Orfeo* (« Fable d'Orphée »), la descente aux enfers et la mort d'Orphée.

13. Le poème est repris par Poe sous le titre *To One of Paradise* dans son recueil *The Raven and Other Poems* (1845). Mais entre 1834 et 1845, il le publie à plusieurs reprises dans divers journaux.

14. George Chapman, dramaturge britannique (1559-1634), ami de Marlowe et rival de Shakespeare.

15. Sur le choix des verbes pour décrire le dernier instant de vie du personnage (*erect* et *ejaculate*), voir la Préface, p. 19-20.

NE PARIEZ JAMAIS VOTRE TÊTE AU DIABLE

1. Extrait de *Cuentos en verso castellano* de Tomas de Las Torres (1828).

2. Les transcendantalistes affirmaient que toute œuvre d'art devrait avoir une morale. C'est une opinion que Poe attaquera dans son *Principe poétique* (1847).

3. Humaniste allemand (1497-1560), élève d'Érasme et ami de Luther, Melanchthon a commenté la *Batrachomyomachie*, poème pseudo-homérique parodique relatant la bataille entre les grenouilles et les souris (Paris, 1542). Pierre La Seine est l'auteur de *Homeri Nepenthes seu de abolendo tucet* (Lyon, 1624). Jacobus Hugo (XVIIᵉ siècle) soutenait qu'Homère avait composé ses poèmes sous influence divine et prophétisait ainsi l'avenir de la chrétienté.

4. *The Antediluvians or the World destroyed* (1839), poème narratif en dix livres de James McHenry.

5. Ouvrage de Seba Smith dont Poe avait fait un compte rendu dans le *Graham's Magazine* deux mois avant d'y publier cette nouvelle.

6. Littéralement « le rouge-gorge », chanson d'enfant.

7. Journal des transcendantalistes fondé un an avant la première publication de cette nouvelle.

8. Ce titre (ainsi que le suivant) désigne peut-être la *North American Review* que Poe attaque à plusieurs reprises.

9. « Les morts ne doivent souffrir aucune insulte » et « Des morts il ne faut dire que du bien. »

10. *Dammit* est l'équivalent de « sacrebleu ».

11. Allusion possible à Oliver Twist, abondamment fouetté dans son jeune âge.

12. Jeu de mots entre *laid wagers* (« proposer un enjeu ») et *laid eggs* (« pondre des œufs »).

13. Allusion, dans le texte anglais, aux célèbres figures de bouffons Merry Andrew et Tom Fool.

14. Écrivain prophétique, auteur du *Sartor resartus* (*Le tailleur retaillé*, 1833), Thomas Carlyle (1795-1881) s'était converti « par haine du diable, non par amour de Dieu ».

15. Dans l'argot du journalisme, *fudge* désigne aussi « les dernières nouvelles ».

16. Obus tiré par l'obusier mis au point par un général de Napoléon, Henri-Joseph Paixhans.

17. *Poets and Poetry of America*, énorme in-octavo publié en 1842 par Rufus W. Griswold qui sera pour Poe l'exécuteur littéraire félon que l'on sait.

18. Il s'agit de William W. Lord dont Poe critique les poèmes dans le *Broadway Journal* du 24 mai 1845.

19. Formule d'héraldique, témoignant d'une sorte de bâtardise dans la famille. Mais la formule peut aussi se lire littéralement « barre sinistre ».

LA SEMAINE DES TROIS DIMANCHES

1. L'oncle dit « *Curse you!* » (« Va au diable ! ») et le neveu comprend « *of course* » (« bien entendu ») : quiproquo comique ici traduit par « Malédiction ! » et « Bénédiction ! ».

2. En anglais, le jeu de mots a lieu autour de *to come* (« venir ») et *to go* (« aller »).

3. Surenchère sur l'expression anglaise « *two Sundays in a week* » (« semaine des deux dimanches »), équivalente à notre « semaine des quatre jeudis ».

4. Banquier, député, C. Perier (1777-1832) fut président du Conseil puis ministre de l'Intérieur après la révolution de 1830. Il était réputé pour son « bon sens » bourgeois.

5. « On naît poète, on ne le devient pas. » Proverbe latin attribué par erreur à Horace.

6. Dans le texte anglais « Doctor Dubble L. Dee » (c'est-à-dire « Doctor LL. D. ») désigne le « *Doctor of Laws* ».

7. Samuel Horsley (1733-1806), homme d'Église et prédicateur britannique.

8. Allitération anglaise empruntée à un vers célèbre des *Essays on Criticism* (1711), où Alexander Pope évoque un alexandrin inutile « *That, like a wounded snake, drags its slow length along* » (« Qui, tel un serpent blessé, étire sa lente longueur »).

9. Cuisiniers français très célèbres à l'époque.

10. « Et toutes sortes ».

11. Phrase solennelle des puritains : « nous disons couramment qu'un jugement tombe sur un homme pour quelque chose en lui que nous ne pouvons soumettre » (John Selden, 1584-1654).

L'ENTERREMENT PRÉMATURÉ

1. En 1756, à Calcutta, un très grand nombre d'Européens furent jetés dans un minuscule cachot pendant une nuit. Au matin, quelques-uns seulement étaient encore vivants.

2. Image biblique : « avant que ne se détache le fil argenté et que la coupe d'or ne se brise… » (Ecclésiaste, XII, 6).

3. Cette histoire vraie avait été racontée par le *Philadelphia Casket* en septembre 1827.

4. Image empruntée à la *Proud Ladye* de Spencer Wallace Cone (1840). Poe s'en empara et en fit le titre d'un poème publié en 1843, qu'il inséra ensuite dans sa nouvelle *Ligeia*.

5. Écho d'un fameux vers du *Richard II* (III, ii) de Shakespeare : « *Let's talk of graves, of worms, and epitaphs* » (« parlons de tombes, de vers et d'épitaphes »).

6. À l'époque où Poe écrivait cette nouvelle, les revues et journaux américains venaient de donner quelque publicité à diverses sortes de « cercueils préservant la vie ».

7. *Domestic Medicine, or The Family Physician* (1769) de William Buchan (1729-1805) était une sorte de dictionnaire médical très populaire.

8. *Les Nuits* d'Edward Young (1683-1765), paru en 1742 (*The Complaint or Night Thoughts on Death, Time and Immortality*), est une série de poèmes mélancoliques qui eurent une énorme influence sur la mentalité romantique.

9. Mère du sultan Vathek, dans le roman gothique *Vathek* de William Beckford (1786), qui accompagne son fils aux enfers.

10. Afrasiab est un roi légendaire des Touraniens. Oxus, le nom antique du fleuve Amou-Daria.

Composition CMB/PCA
Impression Maury Imprimeur
45330 Malesherbes
le 3 février 2017.
Dépôt légal : février 2017.
Numéro d'imprimeur : 215420.

ISBN 978-2-07-270241-9. / Imprimé en France.

310113